Pour
en am
D1324279

TRAITÉ
SUR LA TOLÉRANCE

Œuvres de Voltaire
dans la même collection

VOLTAIRE

TRAITÉ
SUR LA TOLÉRANCE

Introduction, notes, bibliographie,
chronologie par
René POMEAU
de l'Institut.

GF
FLAMMARION

Service de Presse

© FLAMMARION, Paris, 1989, pour cette édition.
ISBN 2-08-070552-0

INTRODUCTION

Voltaire n'a pas attendu l'affaire Calas pour se soucier de la tolérance. La question déjà agitait le milieu où il a grandi : on sait dans quel climat de querelles religieuses et de persécutions s'est achevé, pendant les jeunes années d'Arouet, le long règne de Louis XIV.

A la mort du roi, le 1er septembre 1715, les prisons étaient pleines de jansénistes : de fort honnêtes gens, victimes de leur fidélité à la théologie de la « grâce efficace ». Par malheur, Louis XIV avait obtenu de la cour de Rome, réticente, la Bulle *Unigenitus*. Arouet, par sa famille et son entourage, avait vu de près cette entreprise ultime de réduire les sectateurs de Jansénius, d'Arnauld, de Quesnel. Puis, avec l'avènement du Régent, les prisons s'ouvrent, la pression s'atténue. Elle ne disparaît pas. Tout le siècle sera rempli par les efforts du pouvoir pour étouffer ou pour endormir un parti religieux, puissant, indéracinable. Le *Traité sur la tolérance* évoque les phases de crise de cet affrontement prolongé. Comme il arrive souvent, le conflit religieux permet à des tensions d'un autre ordre de se manifester. Dans la capitale, le quartier janséniste par excellence se trouve être le plus misérable : celui de Saint-Médard, peuplé de pauvres hères, de meurt-la-faim. Un diacre de la paroisse, nommé Pâris, ascète qui s'est tué littéralement à force de privations, est reconnu par ces pauvres gens comme leur semblable et leur héros, condamnant par son exemple la religion corrompue des quartiers riches et de la cour. Il est « canonisé » par la foule. Sur sa tombe, des multitudes affluent, secouées de crises hystériques. Saint Pâris accomplit des miracles : les « convulsions » qui agitent ses fidèles passent pour les guérir de leurs maladies. La police ayant fermé le cimetière (« De par le roi défense à Dieu / De faire miracle en ce lieu »), les « convulsions » continuent à huis clos, dans les greniers. Quelques années plus tard, l'affaire des billets de confession relance la persécution. *Le Traité sur la tolérance,* dans son chapitre seizième, se réfère à cet épisode, encore tout récent au moment où paraît l'ouvrage. L'archevêque de Paris, espérant en finir avec le jansénisme, avait eu une idée qui s'avéra des plus malencontreuses. Les derniers sacrements ne devaient être administrés qu'aux agonisants qui pouvaient présenter un billet de confession d'un prêtre acceptant la Constitution *Unigenitus.* Or de nombreux fidèles décèdent sans avoir pu remplir la condition. Il en résulte que la sépulture chrétienne leur est refusée. Conséquence plus grave : ces chrétiens, n'ayant pas été lavés de leurs péchés par le sacrement suprême, risquent la damnation éternelle. L'émotion dans Paris tourne à l'émeute. Le Parlement s'empare de l'affaire. Des mourants font constater par notaire le refus de sacrement. Après quoi la cour de justice poursuit les curés coupables d'avoir obéi à leur archevêque. Louis XV intervient, exile les parlementaires, puis les rappelle. A la veille encore de 1789, le jansénisme reste bien vivant. Il prendra même sa revanche en inspirant largement la Constitution civile du clergé de 1790.

Quand nous lisons le *Traité* de Voltaire, nous devons nous remémorer cette ambiance de l'ancienne France, où le pouvoir s'arrogeait très normalement le droit de tourmenter des hommes pour leurs croyances. Parmi les victimes, les plus à plaindre étaient assurément les protestants.

*
**

La conscience française est restée marquée par le souvenir des guerres de religion du seizième siècle, jusqu'à ce que « 93 » vînt effacer d'anciennes horreurs par d'autres plus récentes. Voltaire ne se trompait pas en choisissant vers 1720 pour sa *Henriade* épique un héros et un sujet qui continuaient de rencontrer un écho dans l'opinion contemporaine. Echo amplifié encore par l'actualité de la persécution antijanséniste, comme par ce qui était advenu des protestants.

L'échec de la Révocation de l'Edit de Nantes est devenu, au dix-huitième siècle, tout à fait patent. En signant l'Edit de Fontainebleau, le 15 octobre 1685, Louis XIV s'imaginait qu'il aurait raison des derniers récalcitrants. Dans un régime autoritaire, les rapports qui remontent vers le prince disent malheureusement non ce qui est, mais ce que celui-ci souhaite entendre. Depuis des mois, on ne parlait au roi que de calvinistes adhérant en foule à la vraie religion. Il ne s'interrogeait pas sur la solidité de conversions soit achetées par la Commission de Pellisson (parfois après de scandaleux marchandages), soit extorquées par des dragons, dont il connaissait pourtant les pratiques : pillages, vols, viols, brutalités de toutes sortes... L'ampleur de l'exode protestant surprit l'autorité. Mais beaucoup ne purent émigrer. Des masses compactes subsistèrent, inentamées, notamment dans les Cévennes. Louis XIV, alors qu'il devait faire face difficilement sur les frontières à l'Europe coalisée, fut encore contraint de guerroyer contre les Camisards, ses sujets protestants révoltés au cœur du royaume.

Après la mort du roi, il eût été raisonnable de tirer la leçon de l'échec. Or, ce fut le parti contraire qu'on adopta. Le duc de Bourbon, premier ministre, fait déclarer au jeune Louis XV que le dessein du roi de France restait d'extirper l'hérésie (1724). Les anciennes ordonnances sont remises en vigueur :

peine capitale contre les pasteurs surpris dans l'exercice de leur ministère ; quant aux protestants qu'on arrêterait en flagrant délit de pratiquer le culte, galères à perpétuité pour les hommes, prison perpétuelle pour les femmes. On s'efforça d'appliquer un code aussi cruellement répressif. On résolvait par là, il est vrai, un difficile problème : recruter la chiourme pour les galères du roi. Les paysans languedociens arrêtés par les gendarmes aux assemblées du « Désert » étaient envoyés ramer à Marseille et à Toulon : deux cents dans les seules années 1745 et 1746, selon Antoine Court. Voltaire de son côté compte qu'entre 1745 et 1762 huit pasteurs furent pendus par décision de justice. Si des épreuves aussi rudes n'atteignaient qu'un petit nombre de protestants, tous en revanche étaient astreints à des mesures discriminatoires fort pénibles. Ils n'avaient pas d'état civil. Leurs naissances, leurs mariages hors de l'Eglise n'étaient pas légalement reconnus. Leurs enfants étaient réputés bâtards, avec toutes les conséquences qui en découlaient, notamment pour la transmission des héritages. Aussi la plupart des protestants se résignaient-ils à des actes purement formels de catholicité. Par exemple Jean Calas avait été baptisé par le curé catholique de son lieu de naissance. Il s'était ensuite régulièrement marié à l'église, non à Toulouse, mais dans un village d'Ile-de-France, où le curé de la paroisse n'avait soulevé aucune difficulté pour administrer le sacrement. Jean Calas avait fait baptiser catholiques ses six enfants. Ses quatre fils avaient accompli leur scolarité au collège des jésuites de la ville. Ils n'en étaient pas moins restés huguenots, à l'exception d'un seul. Officiellement, après la Révocation, il n'existe plus dans le royaume de France aucun protestant : seulement des « nouveaux catholiques ». Mais tout le monde savait que ces prétendus « nouveaux catholiques » qui s'abstenaient de suivre la messe, de se confesser, de communier, étaient réellement des fidèles de la R.P.R. (« religion prétendue réformée »). Ils étaient traités comme tels. En particulier, ils étaient exclus d'un grand nombre de professions, interdites aux protestants. Les autorités, en fait, au fil des années, pour rendre possible la vie quotidienne, se prêtaient à des accommodements. De sorte que, grâce à des apôtres comme Antoine Court, une certaine vie religieuse avait repris dans la communauté réformée. Un synode national avait même pu se tenir dans la clandestinité en 1744. Mais ce réveil inquiétait. L'évêque d'Agen avait fait, en 1751, par une lettre publique l'éloge de la Révocation de l'Edit de Nantes, dénonçant paradoxalement dans le calvinisme « une religion qui consacre les vices, qui permet la licence ». Un abbé de Caveyrac, en 1758, avait publié une *Apologie* et de la Révocation et du massacre de la Saint-Barthélemy : le *Traité* de Voltaire se référera à ce scandaleux ouvrage. Sur le terrain, une tension renaît entre catholiques et protestants que manifestent, vers 1760, plusieurs affaires quasi simultanées.

Le 14 septembre 1761, une patrouille de gendarmes arrête près de Caussade, au nord de Montauban, un jeune homme d'une vingtaine d'années. Un vagabond ? Non. Il décline son identité : il est le pasteur Rochette. Il sait que sa franchise lui fait encourir la peine de mort. Le lendemain, jour de marché à Caussade, les paysans huguenots affluent dans la petite ville. Des bagarres éclatent. Trois frères, gentilshommes verriers, tentent de libérer Rochette. Ils sont arrêtés et traduits avec lui devant le parlement de Toulouse. Un protestant de Montauban, Ribotte-Charron, sollicite Voltaire d'intervenir. Le grand homme le fait, mais sans beaucoup de chaleur (ayant lui-même des démêlés avec les pasteurs de Genève), et hélas ! sans résultat. Les quatre huguenots sont condamnés à mort. Le pasteur, en chemise, pieds nus, portant au cou une pancarte, « Ministre de la R.P.R. », est conduit au supplice avec ses compagnons dans les rues de Toulouse, hués par la foule. Au pied de l'échafaud, Rochette prie longuement. Il exhorte ses compagnons. Il monte à la potence en chantant des psaumes. Les trois frères s'embrassent

avant de poser leurs têtes sur le billot. Car, étant
gentilshommes, ils ont l'honneur d'être décapités.

Cette scène atroce (connue par une lettre de
Ribotte-Charron à Rousseau) se passait le 19 février
1762. Quelques jours plus tôt, avait commencé à
Mazamet l'affaire Sirven : la fille d'un géomètre
arpenteur, démente, s'était donné la mort en se jetant
dans un puits. On accuse le père, un protestant, de
l'avoir assassinée pour l'empêcher de se convertir[1].
Quelques jours plus tard le protestant Jean Calas sera
roué sur la même place Saint-Georges de Toulouse, où
avaient été exécutés Rochette et les trois frères.

Le 13 octobre 1761 au soir, Jean Calas, marchand
de tissus, rue des Filatiers, avait dîné en famille, dans
son modeste appartement au premier étage, au-dessus
de la boutique. On recevait le jeune Gaubert Lavaisse,
d'une famille protestante de Toulouse, alors en stage
chez un armateur de Bordeaux : il venait faire ses
adieux aux siens avant son départ pour Saint-Domin-
gue. Au dessert le fils aîné, Marc-Antoine Calas, se
lève et descend : il va, pense-t-on, faire un tour en
ville, comme il en a l'habitude. Vers 9 h 30 du soir,
Gaubert Lavaisse prend congé. Le frère cadet, Pierre
Calas, l'accompagne dans l'escalier, bougie en main.
Parvenus au couloir du rez-de-chaussée, ils aperçoi-
vent dans le magasin le corps de Marc-Antoine, mort
par strangulation : le cou porte les traces d'une corde.

Aux cris de la famille, les voisins sortent dans la rue.
Les gens du quartier s'attroupent. Une rumeur se
répand aussitôt : Marc-Antoine allait se convertir,
comme l'avait fait quelques années plus tôt son frère
plus jeune, Louis. Pour l'en empêcher, les Calas, aidés
par Gaubert Lavaisse, agent bien évidemment d'un
complot calviniste, l'ont assassiné. Peu après, arrive le

---

1. Voltaire attendra le dénouement de l'affaire Calas pour
prendre en charge la cause de Sirven et de sa famille.

chef de la police, le capitoul David de Beaudrigue. La version de la rue lui paraît convaincante. Vers minuit, il enferme dans la prison du Capitole toute la maisonnée : Jean Calas et sa femme, leur fils Pierre, Gaubert Lavaisse et, en outre, leur vieille servante catholique Jeanne Viguière.

Une machine infernale est entrée en action que rien n'arrêtera plus.

Le 9 mars, la Tournelle de Toulouse condamne à mort Jean Calas. Le lendemain, le condamné est, en présence de la foule assemblée, exécuté par le supplice de la roue.

Drame de l'intolérance, assurément. Voltaire était pleinement fondé à le choisir comme point de départ de sa campagne contre la persécution religieuse. La famille Calas avait subi les contraintes de la législation antiprotestante. Ce fut celle-ci qui créa les conditions du drame. Jean Calas exerçait depuis une quarantaine d'années son modeste commerce. Dans sa maison exiguë, il avait élevé six enfants : quatre fils, suivis de deux filles [1]. Avec eux logeait la vieille Jeanne Viguière, à leur service depuis un quart de siècle, considérée comme faisant partie de la famille. Elle était, selon l'ordonnance, catholique et fort pieuse. Son témoignage est décisif pour innocenter les Calas.

Le troisième fils, Louis, vingt-cinq ans en 1761, s'était cinq années plus tôt converti au catholicisme, sous l'influence de Jeanne Viguière et de l'abbé Durand. Il avait alors rompu avec sa famille. L'archevêque après l'abjuration avait obligé le père, comme

---

1. Rosine, vingt ans, et Nanette, dix-neuf ans, absentes le 13 octobre : comme chaque année, elles s'étaient rendues à la campagne pour les vendanges. Les tenants du crime calviniste prétendirent que les parents les avaient éloignées afin d'exécuter à loisir l'assassinat de Marc-Antoine. Le plus jeune des fils, Donat, est absent aussi : il est en apprentissage à Nîmes. — Sur la famille Calas, et le dossier judiciaire du drame de la rue des Filatiers, l'étude fondamentale est celle de Jean Orsoni, *L'Affaire Calas avant Voltaire*, Thèse de doctorat de Troisième Cycle, Université de Paris-Sorbonne, trois volumes dactylographiés de 605 pages au total, ouvrage malheureusement non publié.

l'exigeait la loi, à rembourser les dettes de Louis et à
lui verser une pension. Depuis lors, le garçon menait
une vie de paresse, incapable d'occuper un emploi
fixe, subsistant de la seule rente paternelle. Après la
mort de Marc-Antoine, on disait que ce fils aîné allait
lui aussi se convertir, et que c'était là la cause du
meurtre.

Marc-Antoine Calas allait avoir vingt-neuf ans. Il
seconde consciencieusement son père dans le magasin,
le remplaçant souvent, car Jean Calas, soixante-trois
ans, sent le poids de l'âge. Marc-Antoine prendra
bientôt la direction de l'affaire. Mais il avait rêvé autre
chose que cette vie étroite de boutiquier. Cultivé,
aimant la littérature (Voltaire le qualifie d' « homme
de lettres [1] »), il a fait son droit. Il voudrait entrer dans
le barreau. Mais il se heurte à la législation antiprotestante : c'est une profession interdite aux « prétendus
réformés ». A-t-il donc songé, pour écarter l'obstacle,
à rallier le catholicisme ? Tout prouve qu'il s'y est
refusé. L'enquête sans doute établit qu'il fréquentait
volontiers les offices solennels de l'Eglise. Il était
amateur de belle musique. Un homme de condition
aussi humble n'avait pas accès aux concerts de la
bonne société. Il ne pouvait satisfaire son goût qu'aux
cérémonies ouvertes à tous dans les églises de la ville.
Mais on eut beau chercher le prêtre à qui il se serait
ouvert de ses intentions d'abjurer : on ne le trouva
pas. En revanche, les enquêteurs durent enregistrer le
témoignage catégorique de Jeanne Viguière : elle n'a
« jamais connu qu'il eût aucune disposition à se
convertir [2] ».

Marc-Antoine vivait donc replié sur lui-même,
habituellement taciturne et mélancolique. Aux siens il
est apparu tel, pendant le repas du 13 octobre au soir.
Ou peut-être n'a-t-on pas prêté attention à lui, tout
occupé qu'on était par les propos de Gaubert
Lavaysse ? S'est-il, lorsqu'il descendit au rez-de-

---

1. *Traité sur la tolérance*, p. 32.
2. Cité par Jean Orsoni, *L'Affaire Calas avant Voltaire*, p. 88.

chaussée, suicidé dans le magasin par pendaison ? La réponse dépendait de la position du corps quand on le découvrit. Sur ce point capital les Calas ont varié, ce qui aggrava la présomption de leur culpabilité. Le soir du 13, Pierre, appuyé par son père, affirma que le corps était allongé sur le sol : première version, sans doute véridique. Une telle position n'excluait pas la thèse du suicide par pendaison ; mais elle s'accordait mieux avec un assassinat par strangulation. Aussi les Calas, dès le lendemain, changèrent-ils leur déposition. Ils auraient trouvé Marc-Antoine pendu à une corde fixée à un rouleau de bois (destiné à enrouler les étoffes), ledit rouleau étant posé en équilibre sur les deux battants entrebâillés de la porte faisant communiquer la boutique de vente avec la réserve. Suicide acrobatique, mais il en existe de tels.

L'enquêteur David de Beaudrigue n'était pas un Maigret, encore moins un Sherlock Holmes. Il négligea de suivre des pistes qui, peut-être, auraient conduit à la vérité. Marc-Antoine dans l'après-midi avait changé, pour le compte de son père, de l'argent en louis d'or. On ne retrouva pas ces louis. Qu'étaient-ils devenus ? Beaudrigue ne se posa pas la question. Marc-Antoine les a-t-il perdus, au jeu ou autrement, ce qui expliquerait le suicide ? Un assassin était-il tapi dans l'arrière-cour de la maison, qui le guettait pour le voler, ou pour une autre raison (l'enquête ne s'intéressa pas aux relations féminines de ce garçon de vingt-huit ans) ? Nous ne le saurons jamais.

Car l'enquête s'orienta dans une seule direction qui s'avéra une impasse : le crime calviniste. Les sentiments d'intolérance furent ici déterminants. Beaudrigue éprouve à l'encontre des protestants une invincible aversion. Autour de lui la ville manifeste, pendant les semaines de l'instruction, une vive hostilité pour ces gens d'une minorité réprouvée. Comme si la conversion de Marc-Antoine était un fait établi, la confrérie à cagoule des pénitents blancs s'empare de son cadavre, l'enterre en l'église de Saint-Etienne, fait en son honneur une procession où il est représenté par un squelette articulé juché sur un catafalque. On lance un scandaleux « monitoire » : un avertissement aux fidèles lu dans toutes les églises. Le texte présentait comme incontestable le crime calviniste : les auditeurs étaient sommés, sous peine d'excommunication, de dire tout ce qu'ils savaient sur la conversion de Marc-Antoine, sur l'assassinat de celui-ci par les siens pour motif de religion. On ne recueillit ainsi que des ragots.

Les parlementaires de la Tournelle, chargés de juger l'affaire, n'étaient certes pas tous aveuglés par le fanatisme. Ils hésitèrent. Ils avaient contre les Calas des présomptions fondées sur leurs contradictions quant à la position du cadavre ; sur l'attitude embarrassée du vieux commerçant, nullement préparé à affronter pareille épreuve au terme d'une vie paisible. Mais des indices ne suffisaient pas. La pression de l'opinion suppléa au défaut de preuves. Il fallait deux voix de majorité pour une sentence capitale. Le revirement d'un juge au dernier moment permit de les obtenir. Cependant l'arrêt de mort trahit encore les incertitudes du tribunal. Dans l'hypothèse du crime calviniste, il fallait que toute la famille fût collectivement coupable, compte tenu notamment de l'exiguïté du logement des Calas. En bonne logique le procureur avait requis pour le père et son fils Pierre la mort par le supplice de la roue, pour la mère la mort par pendaison. Le sort de Gaubert Lavaisse et de Jeanne Viguière serait réglé ultérieurement. Mais le tribunal n'osa pas aller si loin. Il condamne le 9 mars 1762 le seul Jean Calas à être « rompu vif », puis étranglé et « jeté sur un bûcher ardent », « cette dernière peine, précise la sentence, est une réparation à la religion dont l'heureux changement qu'en avait fait son fils a été *vraisemblablement* la cause de sa mort » (souligné par nous). Ainsi Jean Calas était condamné à une mort atroce sur une simple « vraisemblance ». On avait fait un calcul : pendant l'exécution, Jean Calas ferait enfin l'aveu de son crime. Le supplice allait apporter la preuve, toujours manquante, qui justifierait le supplice.

Les juges furent déçus. Le 10 mars, le condamné fut, selon la loi, préalablement à l'exécution, soumis à la question « ordinaire » (ses membres sont étirés par des palans), puis à l' « extraordinaire » (on lui ingère dix cruches d'eau). Beaudrigue, anxieux, se tient près de lui. Il le supplie, pour abréger le tourment, d'avouer enfin, au moment de comparaître devant Dieu, la vérité, c'est-à-dire qu'il a tué Marc-Antoine. Mais Jean Calas ne cesse de protester de son innocence. Conduit à l'échafaud, il répète qu'il meurt innocent. Couché sur la roue, bras et jambes brisés à coups de barre, il reste là, le visage tourné vers le ciel, agonisant pendant deux heures, ayant près de lui le Père Bourges. Puis il est étranglé, et son corps brûlé. Quand tout fut terminé le procureur se précipita vers le confesseur : « Notre homme a-t-il avoué ? » Non, il n'a pas « avoué ». Le Père Bourges témoigne loyalement de la fermeté d'âme de Jean Calas.

Les juges sont déconcertés. Ils n'osent plus condamner les autres accusés, comme logiquement ils auraient dû le faire. Le 18 mars, ils rendent contre Pierre une sentence de bannissement, et mettent les autres inculpés « hors de cour », autrement dit ils les acquittent. C'était reconnaître implicitement l'erreur judiciaire.

Nous n'en pouvons douter aujourd'hui. Par la faute d'une instruction dominée par la prévention, et de ce fait mal conduite, nous en sommes toujours réduits à la « vraisemblance ». Mais la plus grande vraisemblance est en faveur de l'innocence de Jean Calas et des siens.

La communauté protestante avait été bouleversée par un aussi horrible dénouement. Les minorités persécutées savent s'organiser. Ribotte-Charron, le négociant marseillais Dominique Audibert, leurs amis de Genève, alertent Voltaire. Le grand homme, après un examen qui aurait duré trois mois, après avoir longuement interrogé le plus jeune des Calas, Donat, venu à Ferney, a acquis une « intime conviction » : « la fureur de la faction et la singularité de la destinée

ont concouru à faire assassiner juridiquement sur la
roue le plus innocent et le plus malheureux des
hommes, à disperser sa famille, et à la réduire à la
mendicité » (à Audibert, 9 juillet 1762). Dès lors il
prend l'affaire en main. Multipliant les démarches, les
interventions à Versailles, il finira par obtenir, le
9 mars 1765, la réhabilitation de Jean Calas.

Le Traité sur la tolérance, commencé en octobre
1762, se situe à un moment crucial de cette longue
campagne. Un avantage décisif a été obtenu, le 7 mars
1763, lorsque le Conseil du roi a autorisé l'appel
contre le jugement du parlement de Toulouse. Voltaire diffuse au début d'avril le Traité, imprimé à
Genève par les Cramer. Il en envoie des exemplaires à
Mme de Pompadour, aux ministres d'Etat, au roi de
Prusse, à des princes d'Allemagne (lettre à Moultou,
3 avril 1763). C'est devant l'Europe des lumières qu'il
plaide en appel la cause des Calas, et qu'il va la gagner.

*
**

A partir de l' « affaire » le Traité élargit les perspec-
tives. Le drame avait manifestement pour origine
première la législation antiprotestante. Voltaire propose de la modifier. Mais il procède ici avec une
extrême prudence, conscient des puissantes opposi-
tions qu'il rencontrera. L'un de ses principes est qu'il
« faut toujours partir du point où l'on est et de celui où
les nations sont parvenues [1] ». Pendant son exil en
Angleterre, il avait été très frappé par le pluralisme
religieux institué dans cette « île de la raison », en
contraste avec la situation française. Il existe, Outre-
Manche comme en-deçà, une Eglise d'Etat : en Angleterre, l'Eglise anglicane, « celle où l'on fait fortune »,
écrivait-il méchamment (cinquième Lettre philosophique). Mais à côté de cette Eglise officielle on laisse
vivre en paix les dissidents : quakers, presbytériens,
sociniens. Voltaire ne demande pas, dans le Traité,

---

1. Traité sur la tolérance, p. 54.

pour les calvinistes du royaume de France, une liberté comparable. Que l'on concède seulement aux protestants un statut analogue à celui des catholiques dans le Royaume-Uni (dont les *Lettres philosophiques*, d'ailleurs, n'avaient dit mot). Pas de « temples publics », pas d'accès « aux charges municipales, aux dignités ». Mais qu'on leur restitue l'état civil dont la Révocation de 1685 les a dépouillés : validité des mariages, légitimité des enfants, droit d'héritage, « franchise » des personnes [1]. En 1763, c'était encore trop demander. Dans les dernières décennies de l'Ancien Régime, la monarchie française semble atteinte d'une impuissance à réaliser les réformes même les plus nécessaires. L'affaire Calas eut sans doute une conséquence dans les faits. On mit fin aux exécutions de pasteurs, aux rafles de huguenots « au Désert » pour approvisionner le bagne. Mais la loi ne fut en rien changée. Elle pouvait donc être à tout moment réactivée. Ce fut seulement en 1787 que Louis XVI se décida à promulguer un Edit de tolérance, en faveur de ses sujets n'appartenant pas à la religion catholique (le texte ne précisait pas si la mesure s'appliquait aussi aux juifs). Vingt-quatre ans après le *Traité* de Voltaire, le roi en adoptait les recommandations. Il restituait aux protestants leur état civil. Tolérance donc, et rien de plus. Mais nous sommes à quelques mois de la convocation des Etats généraux. L'Edit va être rapidement dépassé. En effet, la *Déclaration des droits de l'homme* de 1789 pose que « tous les citoyens [...] sont également admissibles à toutes les dignités, places et emplois publics [...] sans autres distinctions que celles de leurs vertus et de leurs talents ». Ainsi prend fin l'exclusion des protestants : exclusion depuis longtemps inadmissible puisqu'en 1777 Louis XVI avait appelé comme principal ministre, et rappelé en 1788, Necker, un protestant très convaincu, et même militant. La *Déclaration* de 1789 n'affirme pas explicitement la liberté du culte public, comme l'avait

1. *Ibid.*, p. 56.

demandé le pasteur Rabaut Saint-Etienne, député à
l'Assemblée nationale. L'article X stipule seulement
que « nul ne doit être inquiété pour ses opinions,
même religieuses, pourvu que leur manifestation ne
trouble pas l'ordre public établi par la loi ». Mais
l'article suivant, en affirmant que « la libre communi-
cation des pensées et des opinions est un des droits les
plus précieux de l'homme », impliquait une liberté du
culte qui était, en fait, désormais pratiquée sans
entraves.

Le *Traité* de 1763 devait, par une évolution nor-
male, aboutir à plus qu'une simple « tolérance ».
L'argumentation développée par Voltaire entraînait
des conséquences allant bien au-delà des timides
requêtes de son chapitre cinquième. Le *Traité sur la
tolérance* recelait la substance d'un « Traité sur la
liberté de penser ».

*
**

Abordant la question de la tolérance, Voltaire
rencontre les textes classiques : Locke, Bayle. Il en
reprend les idées, mais s'établit par rapport à eux dans
une perspective nouvelle.

Une note du chapitre onzième renvoie à « l'excellente *Lettre* de Locke *sur la tolérance* ». Ecrit bien
différent dans sa forme du *Traité*. Locke a rédigé en
latin, *Epistola de tolerantia*, ce texte compact, qui sera
traduit ensuite en anglais et de l'anglais en français.
Manifestement, l'*Epistola* s'adresse à un public de
doctes. Le *Traité* de 1763 vise au contraire le grand
public. Il s'inscrit dans une stratégie voltairienne
s'efforçant de mobiliser l'opinion. D'où la répartition
en chapitres courts, émaillés de traits d'esprit, et
faisant appel, vers la fin, à l'émotion. Locke écrit vers
1685-1686, exilé en Hollande. Il a pour objectif la
situation anglaise sous le règne du dernier des Stuarts,
peu avant la Révolution de 1688, qui chassera du trône
d'un pays protestant le catholique intolérant Jacques II. Locke développe donc comme idée maîtresse

« la distinction de la communauté politique et de la société religieuse, la distinction et séparation radicale des fonctions de l'Eglise et de celles de l'Etat [1] ». De cet argument Voltaire ne retient guère que le refus gallican du pouvoir des papes de distribuer les couronnes et de prélever les annates (chapitre troisième). Notre séparation de l'Eglise et de l'Etat ne fut jamais l'un de ses objectifs. Il plaide au contraire pour une subordination de l'Eglise à l'Etat : il y voit un moyen de garantir la tolérance. L'appel au Conseil du roi dans l'affaire Calas relève de cette politique. L'Etat peut d'autant moins se désintéresser de la religion que « partout où il y a une société établie, une religion est nécessaire ». On souhaite que ce soit une « religion pure et sainte », exempte de superstition et de fanatisme : « on ne doit pas chercher à nourrir de gland ceux que Dieu daigne nourrir de pain ». Mais Voltaire — peut-être s'en étonnera-t-on — concède que dans une population grossièrement primitive, les superstitions, « pourvu qu'elles ne soient point meurtrières », peuvent avoir leur justification. « L'homme a toujours besoin d'un frein. » Aussi était-il jadis « bien plus raisonnable et plus utile d'adorer ces images fantastiques de la divinité [faunes, sylvains, naïades...] que de se livrer à l'athéisme » (chapitre vingtième).

Voltaire a cité Locke comme garant d'une idée qu'il extrait hors du contexte de l'*Epistola* : il est permis « à chaque citoyen de ne croire que sa raison et de penser ce que cette raison éclairée ou trompée lui dictera ». Formulation qui plus qu'à Locke est redevable à Bayle. On sait comment dans son *Commentaire philosophique sur ces paroles de Jésus-Christ « Contrains-les d'entrer »* (1686), Bayle fonde la tolérance sur une théologie de la conscience. Il expose que la connaissance absolue de la vérité, en matière métaphysique, dépasse la portée de l'esprit humain. Il suffit donc que nous ayons le sentiment intérieur de suivre la vérité.

---

1. Raymond Polin, John Locke, *Lettre sur la tolérance*, P.U.F., 1965, introduction, p. XLVIII.

En d'autres termes, ce qui fait la valeur d'un credo, c'est non pas son contenu, mais la foi dont il procède. Contre cette foi l'autorité n'a aucun droit d'entreprendre quoi que ce soit. Voltaire, quant à lui, bien différent du croyant selon Bayle, n'est guère porté à l'examen intérieur ou au retour sur soi. On voit dans le *Traité* et ailleurs qu'il a tendance à réduire la foi à ses éléments intellectuels, et encore les plus futiles : ceux d'une obscure théologie. Il cite la procession du Saint-Esprit (dans la Trinité, l'Esprit saint procède-t-il du Père seul ou du Père et du Fils, *Filioque*?) ; ou encore la question de savoir si Jésus, homme et Dieu, avait une seule ou deux volontés (chapitre onzième) ; ou celle du *Logos* : a-t-il été fait ou engendré ? Assurément, « ce serait le comble de la folie de prétendre amener tous les hommes à penser d'une manière uniforme sur la métaphysique » (chapitre vingt et unième). Mais dans les guerres de religion qui ont « ensanglanté » la terre, les dogmes abscons ont-ils jamais été autre chose qu'un prétexte ?

Voltaire n'insiste donc pas comme Bayle sur les droits de la « conscience errante ». Il se réclame de critères plus extérieurs. La valeur suprême pour lui, c'est « le bien physique et moral de la société » (chapitre quatrième). Que « l'intérêt des nations » exige la tolérance, c'est ce qu'il développe par un large panorama historique.

Le pluralisme religieux de l'humanité tient au fait qu'en la matière « l'éducation fait tout », du moins presque toujours. Bayle déjà avait proposé cet apologue : supposons une ville mi-chrétienne, mi-musulmane ; si l'on fait l'échange des nouveau-nés entre les familles des deux religions, il est évident que le bébé né chrétien sera musulman, et l'inverse. Voltaire avait porté à la scène une situation analogue. Sa Zaïre, née de parents chrétiens, élevée dès le berceau dans le sérail d'Orosmane, est musulmane. Elle faisait elle-même sur son propre cas une déclaration de relativisme religieux :

> J'eusse été près du Gange esclave des faux dieux,
> Chrétienne dans Paris, musulmane en ces lieux.

Que ni la prédication ni la force ne viennent à bout d'éliminer une religion au profit d'une autre, l'échec de la politique antijanséniste et antiprotestante de Louis XIV l'a suffisamment démontré, et l'affaire Calas vient d'en fournir encore la sanglante illustration. Voltaire dans le *Traité* de 1763 élargit le champ de vision. « Sortons de notre petite sphère et examinons le reste de notre globe » (chapitre quatrième). Un tour d'horizon mondialiste fait apparaître l'humanité comme une immense mosaïque de religions. Aussi les vastes empires, nécessairement pluriconfessionnels, pratiquent-ils tous la tolérance. Voltaire les passe en revue. L'empire ottoman tolère les chrétiens grecs et latins, les coptes, les juifs, les guèbres, les banians, etc. De même l'Inde et la Perse. De même l'empire russe depuis Pierre le Grand. La Chine confucéenne tolère le bouddhisme (« les superstitions de Fo »). Si l'empereur, que Voltaire orthographie Young-tching, a chassé les jésuites, c'est parce que ces jésuites étaient intolérants. La Rome impériale accueillait libéralement les cultes orientaux, même les plus étrangers à l'esprit romain. Mais elle a persécuté les chrétiens. Voltaire s'efforce de répondre à l'objection : les chrétiens étaient combattus non comme chrétiens, mais comme factieux, refusant de célébrer le culte de Rome et de l'Empire[1]. Et peut-être ces martyrs chrétiens ne furent-ils pas aussi nombreux que le prétend la tradition.

Voltaire ajoute, enfin, une sorte d'argument *ad hominem* : les anciens juifs eux-mêmes étaient tolérants. On sait aujourd'hui que le judaïsme archaïque était monolâtre plutôt que monothéiste. Si la commu-

---

1. Ce qu'admettent aussi des historiens modernes : voir Pierre Grimal, *Les Erreurs de la liberté*, Paris, Les Belles Lettres, 1989 ; lors de la première persécution, sous Néron, « les chrétiens apparurent [...] comme formant un groupe de factieux, ennemis, précisément, de l'ordre établi, prophétisant l'effondrement de Rome ».

nauté juive se consacrait au seul culte de Jahvé, elle reconnaissait parallèlement l'authentique qualité divine des dieux honorés par les cités, les tribus, les peuples voisins et ennemis. Il arrivait même au peuple de Jahvé d'invoquer ces divinités rivales, à la puissance reconnue comme incontestable. Voltaire qui a beaucoup lu l'Ancien Testament a relevé les traces subsistantes dans les textes de ce primitif état de chose. Les Juifs dans le désert, note-t-il, adorèrent non seulement le veau d'or (qu'il identifie au dieu égyptien Apis) mais Moloch, Remphan, Kium. Les infidélités au Dieu jaloux d'Israël n'étaient pas toujours réprimées. Moïse lui-même aurait été « obligé de fermer les yeux sur la passion du peuple pour les dieux étrangers » (chapitre douzième) : tolérance...

Quant au judaïsme à l'époque des origines chrétiennes, Voltaire souligne qu'il est bien loin d'être un bloc homogène. Les juifs contemporains de Jésus se partagent entre plusieurs sectes : pharisiens, saducéens, esséniens, en désaccord sur des dogmes essentiels, et plus différents entre eux que les protestants ne le sont des catholiques. Pourtant ils réussissent à cohabiter. Voltaire se dit donc étonné de trouver chez les juifs « la plus grande tolérance au milieu des horreurs les plus barbares » (chapitre treizième).

Jésus-Christ serait-il venu mettre fin à cette paix religieuse ? Voltaire, après Bayle, est amené à examiner le « Contrains-les d'entrer », invoqué pour justifier la persécution. On connaît la parabole de Luc, XIV. Un père de famille a préparé un grand souper, mais tous ses invités font défaut. Pour les remplacer, il fait venir des aveugles et des boiteux. Comme il reste encore des places vides, il envoie un domestique : « Allez dans les grands chemins, et le long des haies, et contraignez les gens d'entrer. » Faut-il comprendre que le domestique a brutalisé les nouveaux invités, et qu'à son exemple les dragons de Louis XIV n'ont fait qu'appliquer un précepte évangélique ? Voltaire observe qu'un seul valet ne pouvait contraindre par la force tant de gens. « Contrains-les d'entrer » ne peut évidemment signifier que : « priez, conjurez, pressez, obtenez ». « Quel rapport, je vous prie, de cette prière et de ce souper à la persécution ? » Jésus a prêché « la douceur, la patience, l'indulgence ». Il fut lui-même victime de l'intolérance du Sanhédrin. « Si vous voulez ressembler à Jésus-Christ, conclut Voltaire, soyez martyrs, et non pas bourreaux » (chapitre quatorzième).

Que la philosophie de l'histoire de Voltaire s'ouvre sur une vision religieuse, ce n'est nulle part plus sensible que dans les dernières pages du *Traité sur la tolérance*. On peut regretter qu'il ait jugé bon d'ajouter après son chapitre vingt-troisième encore trois chapitres de « post-scriptum », pour tenir compte de l'état présent de la polémique et des progrès de l'affaire Calas. En réalité, le *Traité* culmine et conclut avec l'impressionnante « Prière à Dieu » : « Ce n'est donc plus aux hommes que je m'adresse, c'est à Toi, Dieu de tous les êtres, de tous les mondes et de tous les temps. » Une telle « prière », adressée à l' « Etre suprême », n'est pas unique dans l'œuvre de Voltaire. Un de ses premiers textes, l'*Epître à Uranie* (ou *Le Pour et le Contre*), est aussi une « prière à Dieu ». De même les vers qui concluent la profession de foi en quatre parties de *La Loi naturelle* :

O Dieu qu'on méconnaît, ô Dieu que tout annonce...

Ces déclarations éloquentes sont probablement l'une des rares expressions que revêt chez Voltaire un certain sentiment religieux. Quiconque les reçoit sans prévention ne peut manquer d'être touché par leur accent. On ne saurait en méconnaître la sincérité. En la « Prière à Dieu » finale se révèle l'évidence d'où procède le plaidoyer de Voltaire pour la tolérance. Au « Dieu de tous les êtres, de tous les mondes et de tous les temps » sont confrontés « de faibles créatures perdues dans l'immensité, et imperceptibles au reste

de l'univers » : les « atomes appelés hommes ». Ces
insectes ont sécrété, en même temps que leurs « langages insuffisants », leurs « usages ridicules », leurs
« lois imparfaites », leurs « opinions insensées », les
religions au nom desquelles ils se déchirent. Plus
Voltaire exalte l'Etre des êtres, plus il rabaisse leurs
irrationnelles croyances, qu'il tend à ravaler à de
dérisoires pratiques : « cierges en plein midi », robes
de toile blanche ou manteaux de laine noire, jargon
ancien ou nouveau, habits teints en rouge ou en violet.
Ce serait folie aux hommes que de s'égorger pour de
telles misères.

En vue de ce final des jalons ont été posés dans les
chapitres précédents, faisant écho à des thèmes abon-
damment développés par Voltaire dans le reste de son
œuvre. Par exemple, l'allusion à « l'adoration simple
d'un seul Dieu », ce « culte des noachides », c'est-
à-dire de l'humanité primitive. Voltaire se flatte de
l'idée que le théisme fut la religion première des
hommes, et qu'il s'est conservé dans la Chine de
Confucius (chapitre quatrième). La religion pure a
dégénéré ailleurs en superstitions et en fanatisme,
produisant l'intolérance. Mais un peu partout on
retrouve des traces des origines : « les anciens peuples
policés [...] reconnaissent tous un Dieu suprême »,
même si, fâcheusement, ils lui adjoignent « une
quantité prodigieuse de divinités inférieures » (chapitre septième). Les Romains notamment reconnaissaient ce Dieu suprême (chapitre neuvième). Voltaire
nourrit l'espoir que l'humanité reviendra à la religion
naturelle de ses débuts. C'est à quoi tend l'effort de
tolérance. Que les fourmis perdues dans l'immensité
cosmique n'aillent pas se dire, chacune de son côté,
« il n'y a que ma fourmilière qui soit chère à Dieu,
toutes les autres lui sont en horreur de toute éternité ». Voltaire prêche : « Je vous dis qu'il faut
regarder tous les hommes comme nos frères. — Quoi !
mon frère le Turc ? mon frère le Chinois ? le Juif ? le
Siamois ? — Oui, sans doute, ne sommes-nous pas
tous enfants du même père, et créatures du même

Dieu ? » Ce qui s'achève dans l'invocation de la
« Prière à Dieu » :

                Puissent tous les hommes
            se souvenir qu'ils sont frères !

Que penser aujourd'hui de cette philosophie de la
tolérance ? On dira que Voltaire faisait preuve de trop
d'optimisme. « Les mœurs se sont adoucies », depuis
cinquante ans, constatait-il. Elles s'étaient adoucies
assurément, au sein d'une élite européenne, mais assez
étroite : maints événements ultérieurs montreront que
le mouvement était moins étendu et moins en profon-
deur qu'il ne le croyait. On ne peut lire sans un
serrement de cœur la page où il annonce que
l'« Irlande peuplée et enrichie ne verra plus » catholiques et protestants s'entre-tuer (chapitre quatrième).
Est-il même certain que la multiplicité des sectes les
affaiblisse, par un effet quasi mécanique ? N'en voit-
on pas encore qui, installées au nombre de quatre ou
cinq sur un même territoire, se combattent, armes à la
main, avec une ardeur que leur pluralité ne diminue
nullement ?

L'optimisme des lumières se fondait sur une philosophie de l'histoire qui ne paraît plus acceptable.
Notre anthropologie n'est plus celle de Voltaire, pas
plus qu'elle n'est celle de Rousseau. Qui oserait
affirmer que les petites troupes originelles d'*homo
erectus*, ou d'*homo habilis*, adoraient l'Etre suprême,
sans l'ombre d'une idée superstitieuse ? Qui peut
espérer que l'humanité de l'avenir, libérée des fan-
tômes de l'irrationnel et des fureurs du fanatisme,
communiera dans le culte pur de l'Etre des êtres, selon
le vœu de Voltaire ? La disparité des cultures subsiste,
et celles-ci, juxtaposées et peu assimilables entre elles,
ne conduisent-elles pas, plutôt qu'à la réconciliation,
au « choc des mondes » pour reprendre l'expression
par laquelle Alain Peyrefitte définit la prise de contact

de l'Europe avec la Chine au dix-huitième siècle[1]?

Cependant, dans l'univers actuel comme au siècle des lumières, une évolution se dessine en sens inverse. On ne doit pas s'étonner que Voltaire dans ses *Lettres philosophiques* désigne comme l'un des hauts lieux de la tolérance la Bourse de Londres (*Lettre* VI). Or combien depuis lors a progressé l'internationalisation des échanges! La rapidité, la facilité des communications d'un bout à l'autre de la planète, l'interdépendance entre toutes les parties de celle-ci ne cesse d'accentuer la mondialisation de notre civilisation. Une éthique s'impose de ce fait qui prescrit d'accepter, sur la terre entière, l'étranger en son altérité. Ceux qui prétendent encore s'enfermer dans leur champ clos, hérissés contre les autres, macérant dans leur propre fanatisme, se condamnent eux-mêmes.

Le mouvement ascendant du *Traité* en vient à dégager une formule, inscrite au titre du chapitre vingt-deuxième : « De la tolérance universelle. » Nous mettrons l'accent sur l'épithète. Dans le monde où nous vivons, deux siècles après Voltaire, l'universalité fait de la tolérance un devoir.

René POMEAU.

---

1. Alain Peyrefitte, *L'Empire immobile ou le choc des mondes*, Paris, Fayard, 1989.

TRAITÉ

SUR LA TOLÉRANCE

A L'OCCASION

DE LA MORT DE JEAN CALAS

CHAPITRE I

Le meurtre de Calas, commis dans Toulouse avec le glaive de la justice, le 9 mars 1762, est un des plus singuliers événements qui méritent l'attention de notre âge et de la postérité. On oublie bientôt cette foule de morts qui a péri dans des batailles sans nombre, non seulement parce que c'est la fatalité inévitable de la guerre, mais parce que ceux qui meurent par le sort des armes pouvaient aussi donner la mort à leurs ennemis, et n'ont point péri sans se défendre. Là où le danger et l'avantage sont égaux, l'étonnement cesse, et la pitié même s'affaiblit ; mais si un père de famille innocent est livré aux mains de l'erreur, ou de la passion, ou du fanatisme ; si l'accusé n'a de défense que sa vertu : si les arbitres de sa vie n'ont à risquer en l'égorgeant que de se tromper ; s'ils peuvent tuer impunément par un arrêt, alors le cri public s'élève, chacun craint pour soi-même, on voit que personne n'est en sûreté de sa vie devant un tribunal érigé pour veiller sur la vie des citoyens, et toutes les voix se réunissent pour demander vengeance.

Il s'agissait, dans cette étrange affaire, de religion, de suicide, de parricide ; il s'agissait de savoir si un père et une mère avaient étranglé leur fils pour plaire à Dieu, si un frère avait étranglé son frère, si un ami avait étranglé son ami, et si les juges avaient à se reprocher d'avoir fait mourir sur la roue un père innocent, ou d'avoir épargné une mère, un frère, un ami coupables.

Jean Calas, âgé de soixante-huit ans, exerçait la profession de négociant à Toulouse depuis plus de quarante années, et était reconnu de tous ceux qui ont vécu avec lui pour un bon père. Il était protestant, ainsi que sa femme et tous ses enfants, excepté un, qui avait abjuré l'hérésie, et à qui le père faisait une petite pension. Il paraissait si éloigné de cet absurde fanatisme qui rompt tous les liens de la société qu'il approuva la conversion de son fils Louis Calas, et qu'il avait depuis trente ans chez lui une servante zélée catholique, laquelle avait élevé tous ses enfants.

Un des fils de Jean Calas, nommé Marc-Antoine, était un homme de lettres : il passait pour un esprit inquiet, sombre, et violent. Ce jeune homme, ne pouvant réussir ni à entrer dans le négoce, auquel il n'était pas propre, ni à être reçu avocat, parce qu'il fallait des certificats de catholicité qu'il ne put obtenir, résolut de finir sa vie, et fit pressentir ce dessein à un de ses amis ; il se confirma dans sa résolution par la lecture de tout ce qu'on a jamais écrit sur le suicide.

Enfin, un jour, ayant perdu son argent au jeu, il choisit ce jour-là même pour exécuter son dessein. Un ami de sa famille et le sien, nommé Lavaisse, jeune homme de dix-neuf ans, connu par la candeur et la douceur de ses mœurs, fils d'un avocat célèbre de Toulouse, était arrivé de Bordeaux la veille [1] ; il soupa par hasard chez les Calas. Le père, la mère, Marc-Antoine leur fils aîné, Pierre leur second fils, mangèrent ensemble. Après le souper on se retira dans un petit salon : Marc-Antoine disparut ; enfin, lorsque le jeune Lavaisse voulut partir, Pierre Calas et lui, étant descendus, trouvèrent en bas, auprès du magasin, Marc-Antoine en chemise, pendu à une porte, et son habit plié sur le comptoir ; sa chemise n'était pas seulement dérangée ; ses cheveux étaient bien peignés : il n'avait sur son corps aucune plaie, aucune meurtrissure [2].

On passe ici tous les détails dont les avocats ont

rendu compte : on ne décrira point la douleur et le désespoir du père et de la mère ; leurs cris furent entendus des voisins. Lavaisse et Pierre Calas, hors d'eux-mêmes, coururent chercher des chirurgiens et la justice.

Pendant qu'ils s'acquittaient de ce devoir, pendant que le père et la mère étaient dans les sanglots et dans les larmes, le peuple de Toulouse s'attroupe autour de la maison. Ce peuple est superstitieux et emporté ; il regarde comme des monstres ses frères qui ne sont pas de la même religion que lui. C'est à Toulouse qu'on remercia Dieu solennellement de la mort de Henri III, et qu'on fit serment d'égorger le premier qui parlerait de reconnaître le grand, le bon Henri IV. Cette ville solennise encore tous les ans [3], par une procession et par des feux de joie, le jour où elle massacra quatre mille citoyens hérétiques, il y a deux siècles. En vain six arrêts du conseil ont défendu cette odieuse fête, les Toulousains l'ont toujours célébrée comme les jeux floraux.

Quelque fanatique de la populace s'écria que Jean Calas avait pendu son propre fils Marc-Antoine. Ce cri, répété, fut unanime en un moment ; d'autres ajoutèrent que le mort devait le lendemain faire abjuration ; que sa famille et le jeune Lavaisse l'avaient étranglé par haine contre la religion catholique : le moment d'après on n'en douta plus ; toute la ville fut persuadée que c'est un point de religion chez les protestants qu'un père et une mère doivent assassiner leur fils dès qu'il veut se convertir.

Les esprits une fois émus ne s'arrêtent point. On imagina que les protestants du Languedoc s'étaient assemblés la veille ; qu'ils avaient choisi, à la pluralité des voix, un bourreau de la secte ; que le choix était tombé sur le jeune Lavaisse ; que ce jeune homme, en vingt-quatre heures, avait reçu la nouvelle de son élection, et était arrivé de Bordeaux pour aider Jean Calas, sa femme, et leur fils Pierre, à étrangler un ami, un fils, un frère.

Le sieur David, capitoul de Toulouse, excité par ces

rumeurs et voulant se faire valoir par une prompte exécution, fit une procédure contre les règles et les ordonnances. La famille Calas, la servante catholique, Lavaisse, furent mis aux fers.

On publia un monitoire non moins vicieux que la procédure. On alla plus loin : Marc-Antoine Calas était mort calviniste, et s'il avait attenté sur lui-même, il devait être traîné sur la claie ; on l'inhuma avec la plus grande pompe dans l'église Saint-Étienne, malgré le curé, qui protestait contre cette profanation[4].

Il y a, dans le Languedoc, quatre confréries de pénitents, la blanche, la bleue, la grise, et la noire. Les confrères portent un long capuce, avec un masque de drap percé de deux trous pour laisser la vue libre : ils ont voulu engager M. le duc de Fitz-James, commandant de la province, à entrer dans leurs corps, et il les a refusés. Les confrères blancs firent à Marc-Antoine Calas un service solennel, comme à un martyr. Jamais aucune Église ne célébra la fête d'un martyr véritable avec plus de pompe ; mais cette pompe fut terrible. On avait élevé au-dessus d'un magnifique catafalque un squelette qu'on faisait mouvoir, et qui représentait Marc-Antoine Calas, tenant d'une main une palme, et de l'autre la plume dont il devait signer l'abjuration de l'hérésie, et qui écrivait en effet l'arrêt de mort de son père.

Alors il ne manqua plus au malheureux qui avait attenté sur soi-même que la canonisation : tout le peuple le regardait comme un saint ; quelques-uns l'invoquaient, d'autres allaient prier sur sa tombe, d'autres lui demandaient des miracles, d'autres racontaient ceux qu'il avait faits. Un moine lui arracha quelques dents pour avoir des reliques durables. Une dévote, un peu sourde, dit qu'elle avait entendu le son des cloches. Un prêtre apoplectique fut guéri après avoir pris de l'émétique. On dressa des verbaux de ces prodiges. Celui qui écrit cette relation possède une attestation qu'un jeune homme de Toulouse est devenu fou pour avoir prié plusieurs nuits sur le tombeau du nouveau saint, et pour n'avoir pu obtenir un miracle qu'il implorait.

Quelques magistrats étaient de la confrérie des pénitents blancs. Dès ce moment la mort de Jean Calas parut infaillible.

Ce qui surtout prépara son supplice, ce fut l'approche de cette fête singulière que les Toulousains célèbrent tous les ans en mémoire d'un massacre de quatre mille huguenots ; l'année 1762 était l'année séculaire [5]. On dressait dans la ville l'appareil de cette solennité : cela même allumait encore l'imagination échauffée du peuple ; on disait publiquement que l'échafaud sur lequel on rouerait les Calas serait le plus grand ornement de la fête ; on disait que la Providence amenait elle-même ces victimes pour être sacrifiées à notre sainte religion. Vingt personnes ont entendu ces discours, et de plus violents encore. Et c'est de nos jours ! et c'est dans un temps où la philosophie a fait tant de progrès ! et c'est lorsque cent académies écrivent pour inspirer la douceur des mœurs ! Il semble que le fanatisme, indigné depuis peu des succès de la raison, se débatte sous elle avec plus de rage.

Treize juges s'assemblèrent tous les jours pour terminer le procès. On n'avait, on ne pouvait avoir aucune preuve contre la famille ; mais la religion trompée tenait lieu de preuve. Six juges persistèrent longtemps à condamner Jean Calas, son fils, et Lavaisse, à la roue, et la femme de Jean Calas au bûcher. Sept autres plus modérés voulaient au moins qu'on examinât. Les débats furent réitérés et longs. Un des juges [6], convaincu de l'innocence des accusés et de l'impossibilité du crime, parla vivement en leur faveur : il opposa le zèle de l'humanité au zèle de la sévérité ; il devint l'avocat public des Calas dans toutes les maisons de Toulouse, où les cris continuels de la religion abusée demandaient le sang de ces infortunés. Un autre juge, connu par sa violence [7], parlait dans la ville avec autant d'emportement contre les Calas que le premier montrait d'empressement à les défendre. Enfin l'éclat fut si grand qu'ils furent obligés de se récuser l'un et l'autre ; ils se retirèrent à la campagne.

Mais, par un malheur étrange, le juge favorable aux Calas eut la délicatesse de persister dans sa récusation, et l'autre revint donner sa voix contre ceux qu'il ne devait point juger : ce fut cette voix qui forma la condamnation à la roue, car il n'y eut que huit voix contre cinq, un des six juges opposés ayant à la fin, après bien des contestations, passé au parti le plus sévère.

Il semble que quand il s'agit d'un parricide et de livrer un père de famille au plus affreux supplice, le jugement devrait être unanime, parce que les preuves d'un crime si inouï[8] devraient être d'une évidence sensible à tout le monde : le moindre doute dans un cas pareil doit suffire pour faire trembler un juge qui va signer un arrêt de mort. La faiblesse de notre raison et l'insuffisance de nos lois se font sentir tous les jours ; mais dans quelle occasion en découvre-t-on mieux la misère que quand la prépondérance d'une seule voix fait rouer un citoyen ? Il fallait, dans Athènes, cinquante voix au-delà de la moitié pour oser prononcer un jugement de mort. Qu'en résulte-t-il ? Ce que nous savons très inutilement, que les Grecs étaient plus sages et plus humains que nous.

Il paraissait impossible que Jean Calas, vieillard de soixante-huit ans, qui avait depuis longtemps les jambes enflées et faibles, eût seul étranglé et pendu un fils âgé de vingt-huit ans, qui était d'une force au-dessus de l'ordinaire ; il fallait absolument qu'il eût été assisté dans cette exécution par sa femme, par son fils Pierre Calas, par Lavaisse, et par la servante. Ils ne s'étaient pas quittés un seul moment le soir de cette fatale aventure. Mais cette supposition était encore aussi absurde que l'autre : car comment une servante zélée catholique aurait-elle pu souffrir que des huguenots assassinassent un jeune homme élevé par elle pour le punir d'aimer la religion de cette servante ? Comment Lavaisse serait-il venu exprès de Bordeaux pour étrangler son ami dont il ignorait la conversion prétendue ? Comment une mère tendre aurait-elle mis les mains sur son fils ? Comment tous ensemble auraient-ils pu étrangler un jeune homme aussi robuste qu'eux tous, sans un combat long et violent, sans des cris affreux qui auraient appelé tout le voisinage, sans des coups réitérés, sans des meurtrissures, sans des habits déchirés.

Il était évident que, si le parricide avait pu être commis, tous les accusés étaient également coupables, parce qu'ils ne s'étaient pas quittés d'un moment ; il était évident qu'ils ne l'étaient pas ; il était évident que le père seul ne pouvait l'être ; et cependant l'arrêt condamna ce père seul à expirer sur la roue.

Le motif de l'arrêt était aussi inconcevable que tout le reste. Les juges qui étaient décidés pour le supplice de Jean Calas persuadèrent aux autres que ce vieillard faible ne pourrait résister aux tourments, et qu'il avouerait sous les coups des bourreaux son crime et celui de ses complices. Ils furent confondus, quand ce vieillard, en mourant sur la roue, prit Dieu à témoin de son innocence, et le conjura de pardonner à ses juges.

Ils furent obligés de rendre un second arrêt contradictoire avec le premier, d'élargir la mère, son fils Pierre, le jeune Lavaisse, et la servante ; mais un des conseillers leur ayant fait sentir que cet arrêt démentait l'autre, qu'ils se condamnaient eux-mêmes, que tous les accusés ayant toujours été ensemble dans le temps qu'on supposait le parricide, l'élargissement de tous les survivants prouvait invinciblement l'innocence du père de famille exécuté, ils prirent alors le parti de bannir Pierre Calas son fils. Ce bannissement semblait aussi inconséquent, aussi absurde que tout le reste : car Pierre Calas était coupable ou innocent du parricide ; s'il était coupable, il fallait le rouer comme son père ; s'il était innocent, il ne fallait pas le bannir. Mais les juges, effrayés du supplice du père et de la piété attendrissante avec laquelle il était mort, imaginèrent de sauver leur honneur en laissant croire qu'ils faisaient grâce au fils, comme si ce n'eût pas été une prévarication nouvelle de faire grâce ; et ils crurent que le bannissement de ce jeune homme pauvre et sans appui, étant sans conséquence, n'était pas une grande injustice, après celle qu'ils avaient eu le malheur de commettre.

On commença par menacer Pierre Calas, dans son cachot, de le traiter comme son père s'il n'abjurait pas sa religion. C'est ce que ce jeune homme[9] atteste par serment.

Pierre Calas, en sortant de la ville, rencontra un abbé convertisseur qui le fit rentrer dans Toulouse ; on l'enferma dans un couvent de dominicains, et là on le contraignit à remplir toutes les fonctions de la catholicité : c'était en partie ce qu'on voulait, c'était le prix du sang de son père ; et la religion, qu'on avait cru venger, semblait satisfaite.

On enleva les filles à la mère ; elles furent enfermées dans un couvent. Cette femme, presque arrosée du sang de son mari, ayant tenu son fils aîné mort entre ses bras, voyant l'autre banni, privée de ses filles, dépouillée de tout son bien, était seule dans le monde, sans pain, sans espérance, et mourante de l'excès de son malheur. Quelques personnes, ayant examiné mûrement toutes les circonstances de cette aventure horrible, en furent si frappées qu'elles firent presser la dame Calas, retirée dans une solitude, d'oser venir demander justice au pied du trône. Elle ne pouvait pas alors se soutenir, elle s'éteignait ; et d'ailleurs, étant née Anglaise, transplantée dans une province de France dès son jeune âge, le nom seul de la ville de Paris l'effrayait. Elle s'imaginait que la capitale du royaume devait être encore plus barbare que celle du Languedoc. Enfin le devoir de venger la mémoire de son mari l'emporta sur sa faiblesse. Elle arriva à Paris prête d'expirer. Elle fut étonnée d'y trouver de l'accueil, des secours, et des larmes[10].

La raison l'emporte à Paris sur le fanatisme, quelque grand qu'il puisse être, au lieu qu'en province le fanatisme l'emporte presque toujours sur la raison.

M. de Beaumont, célèbre avocat du parlement de Paris, prit d'abord sa défense, et dressa une consultation qui fut signée de quinze avocats[11]. M. Loiseau, non moins éloquent, composa un mémoire [12] en faveur de la famille. M. Mariette, avocat au conseil, dressa une requête juridique [13] qui portait la conviction dans tous les esprits.

Ces trois généreux défenseurs des lois et de l'innocence abandonnèrent à la veuve le profit des éditions de leurs plaidoyers [14]. Paris et l'Europe entière s'émurent de pitié, et demandèrent justice avec cette femme infortunée. L'arrêt fut prononcé par tout le public longtemps avant qu'il pût être signé par le conseil.

La pitié pénétra jusqu'au ministère, malgré le torrent continuel des affaires [15], qui souvent exclut la pitié, et malgré l'habitude de voir des malheureux, qui peut endurcir le cœur encore davantage. On rendit les filles à la mère. On les vit toutes les trois, couvertes d'un crêpe et baignées de larmes, en faire répandre à leurs juges.

Cependant cette famille eut encore quelques ennemis, car il s'agissait de religion. Plusieurs personnes, qu'on appelle en France *dévotes* [16], dirent hautement qu'il valait mieux laisser rouer un vieux calviniste innocent que d'exposer huit conseillers de Languedoc à convenir qu'ils s'étaient trompés : on se servit même de cette expression : « Il y a plus de magistrats que de Calas » ; et on inférait de là que la famille Calas devait être immolée à l'honneur de la magistrature. On ne songeait pas que l'honneur des juges consiste, comme celui des autres hommes, à réparer leurs fautes. On ne croit pas en France que le pape, assisté de ses cardinaux, soit infaillible : on pourrait croire de même que huit juges de Toulouse ne le sont pas. Tout le reste des gens sensés et désintéressés disaient que l'arrêt de Toulouse serait cassé dans toute l'Europe, quand même des considérations particulières empêcheraient qu'il fût cassé dans le conseil.

Tel était l'état de cette étonnante aventure, lorsqu'elle a fait naître à des personnes impartiales, mais sensibles, le dessein de présenter au public quelques réflexions sur la tolérance, sur l'indulgence, sur la commisération, que l'abbé Houtteville appelle *dogme monstrueux*[17], dans sa déclamation ampoulée et erronée sur des faits, et que la raison appelle l'*apanage de la nature*.

Ou les juges de Toulouse, entraînés par le fanatisme de la populace, ont fait rouer un père de famille innocent, ce qui est sans exemple; ou ce père de famille et sa femme ont étranglé leur fils aîné, aidés dans ce parricide par un autre fils et par un ami, ce qui n'est pas dans la nature. Dans l'un ou dans l'autre cas, l'abus de la religion la plus sainte a produit un grand crime. Il est donc de l'intérêt du genre humain d'examiner si la religion doit être charitable ou barbare.

CHAPITRE II

CONSÉQUENCES DU SUPPLICE DE JEAN CALAS

Si les pénitents blancs furent la cause du supplice d'un innocent, de la ruine totale d'une famille, de sa dispersion et de l'opprobre qui ne devrait être attaché qu'à l'injustice, mais qui l'est au supplice ; si cette précipitation des pénitents blancs à célébrer comme un saint celui qu'on aurait dû traîner sur la claie, suivant nos barbares usages, a fait rouer un père de famille vertueux ; ce malheur doit sans doute les rendre pénitents en effet pour le reste de leur vie ; eux et les juges doivent pleurer, mais non pas avec un long habit blanc et un masque sur le visage qui cacherait leurs larmes.

On respecte toutes les confréries : elles sont édifiantes ; mais quelque grand bien qu'elles puissent faire à l'État, égale-t-il ce mal affreux qu'elles ont causé ? Elles semblent instituées par le zèle qui anime en Languedoc les catholiques contre ceux que nous nommons *huguenots*. On dirait qu'on a fait vœu de haïr ses frères, car nous avons assez de religion pour haïr et persécuter, et nous n'en avons pas assez pour aimer et pour secourir. Et que serait-ce si ces confréries étaient gouvernées par des enthousiastes, comme l'ont été autrefois quelques congrégations des artisans et des *messieurs* [18], chez lesquels on réduisait en art et en système l'habitude d'avoir des visions, comme le dit un de nos plus éloquents et savants magistrats ? Que serait-ce si on établissait dans les confréries ces

chambres obscures, appelées *chambres de méditation*,
où l'on faisait peindre des diables armés de cornes et
de griffes, des gouffres de flammes, des croix et des
poignards, avec le saint nom de Jésus au-dessus du
tableau ? Quel spectacle dans des yeux déjà fascinés, et
pour des imaginations aussi enflammées que soumises
à leurs directeurs !

Il y a eu des temps, on ne le sait que trop, où des
confréries ont été dangereuses. Les frérots, les flagel-
lants, ont causé des troubles. La Ligue commença par
de telles associations. Pourquoi se distinguer ainsi des
autres citoyens ? S'en croyait-on plus parfait ? Cela
même est une insulte au reste de la nation. Voulait-on
que tous les chrétiens entrassent dans la confrérie ? Ce
serait un beau spectacle que l'Europe en capuchon et
en masque, avec deux petits trous ronds au-devant des
yeux ! Pense-t-on de bonne foi que Dieu préfère cet
accoutrement à un justaucorps ? Il y a bien plus : cet
habit est un uniforme de controversistes, qui avertit
les adversaires de se mettre sous les armes ; il peut
exciter une espèce de guerre civile dans les esprits, et
elle finirait peut-être par de funestes excès si le roi et
ses ministres n'étaient aussi sages que les fanatiques
sont insensés.

On sait assez ce qu'il en a coûté depuis que les
chrétiens disputent sur le dogme : le sang a coulé, soit
sur les échafauds, soit dans les batailles, dès le
IVe siècle jusqu'à nos jours. Bornons-nous ici aux
guerres et aux horreurs que les querelles de la
Réforme ont excitées, et voyons quelle en a été la
source en France. Peut-être un tableau raccourci et
fidèle de tant de calamités ouvrira les yeux de
quelques personnes peu instruites, et touchera des
cœurs bien faits.

CHAPITRE III

Lorsqu'à la renaissance des lettres les esprits commencèrent à s'éclairer, on se plaignit généralement des abus ; tout le monde avoue que cette plainte était légitime.

Le pape Alexandre VI avait acheté publiquement la tiare, et ses cinq bâtards en partageaient les avantages. Son fils, le cardinal duc de Borgia, fit périr, de concert avec le pape son père, les Vitelli, les Urbino, les Gravina, les Oliveretto, et cent autres seigneurs, pour ravir leurs domaines. Jules II, animé du même esprit, excommunia Louis XII, donna son royaume au premier occupant ; et lui-même, le casque en tête et la cuirasse sur le dos, mit à feu et à sang une partie de l'Italie. Léon X, pour payer ses plaisirs, trafiqua des indulgences comme on vend des denrées dans un marché public. Ceux qui s'élevèrent contre tant de brigandages n'avaient du moins aucun tort dans la morale. Voyons s'ils en avaient contre nous dans la politique.

Ils disaient que Jésus-Christ n'ayant jamais exigé d'annates [19] ni de réserves, ni vendu des dispenses pour ce monde et des indulgences pour l'autre, on pouvait se dispenser de payer à un prince étranger le prix de toutes ces choses. Quand les annates, les procès en cour de Rome, et les dispenses qui subsistent encore aujourd'hui, ne nous coûteraient que cinq cent mille francs par an, il est clair que nous avons

payé depuis François Ier, en deux cent cinquante
années, cent vingt-cinq millions ; et en évaluant les
différents prix du marc d'argent, cette somme en
compose une d'environ deux cent cinquante millions
d'aujourd'hui. On peut donc convenir sans blasphème
que les hérétiques, en proposant l'abolition de ces
impôts singuliers dont la postérité s'étonnera, ne
faisaient pas en cela un grand mal au royaume, et
qu'ils étaient plutôt bons calculateurs que mauvais
sujets. Ajoutons qu'ils étaient les seuls qui sussent la
langue grecque, et qui connussent l'Antiquité. Ne
dissimulons point que, malgré leurs erreurs, nous leur
devons le développement de l'esprit humain, longtemps enseveli dans la plus épaisse barbarie.

Mais comme ils niaient le purgatoire, dont on ne
doit pas douter, et qui d'ailleurs rapportait beaucoup
aux moines ; comme ils ne révéraient pas des reliques
qu'on doit révérer, mais qui rapportaient encore
davantage ; enfin comme ils attaquaient des dogmes
très respectés [20], on ne leur répondit d'abord qu'en les
faisant brûler. Le roi, qui les protégeait et les sou-
doyait en Allemagne, marcha dans Paris à la tête d'une
procession après laquelle on exécuta plusieurs de ces
malheureux ; et voici quelle fut cette exécution. On les
suspendait au bout d'une longue poutre qui jouait en
bascule sur un arbre debout ; un grand feu était allumé
sous eux, on les y plongeait, et on les relevait
alternativement : ils éprouvaient les tourments de la
mort par degrés, jusqu'à ce qu'ils expirassent par le
plus long et le plus affreux supplice que jamais ait
inventé la barbarie.

Peu de temps avant la mort de François Ier,
quelques membres du parlement de Provence, animés
par des ecclésiastiques contre les habitants de Mérin-
dol et de Cabrières, demandèrent au roi des troupes
pour appuyer l'exécution de dix-neuf personnes de ce
pays condamnées par eux ; ils en firent égorger six
mille, sans pardonner ni au sexe, ni à la vieillesse, ni à
l'enfance ; ils réduisirent trente bourgs en cendres.
Ces peuples, jusqu'alors inconnus, avaient tort, sans

doute, d'être nés Vaudois ; c'était leur seule iniquité. Ils étaient établis depuis trois cents ans dans des déserts et sur des montagnes qu'ils avaient rendus fertiles par un travail incroyable. Leur vie pastorale et tranquille retraçait l'innocence attribuée aux premiers âges du monde. Les villes voisines n'étaient connues d'eux que par le trafic des fruits qu'ils allaient vendre, ils ignoraient les procès et la guerre ; ils ne se défendirent pas : on les égorgea comme des animaux fugitifs qu'on tue dans une enceinte [21].

Après la mort de François Ier, prince plus connu cependant par ses galanteries et par ses malheurs que par ses cruautés, le supplice de mille hérétiques, surtout celui du conseiller au parlement Dubourg, et enfin le massacre de Vassy, armèrent les persécutés, dont la secte s'était multipliée à la lueur des bûchers et sous le fer des bourreaux ; la rage succéda à la patience ; ils imitèrent les cruautés de leurs ennemis : neuf guerres civiles remplirent la France de carnage ; une paix plus funeste que la guerre produisit la Saint-Barthélemy, dont il n'y avait aucun exemple dans les annales des crimes.

La Ligue assassina Henri III et Henri IV, par les mains d'un frère jacobin et d'un monstre qui avait été frère feuillant [22]. Il y a des gens qui prétendent que l'humanité, l'indulgence, et la liberté de conscience, sont des choses horribles ; mais, en bonne foi, auraient-elles produit des calamités comparables ?

CHAPITRE IV

SI LA TOLÉRANCE EST DANGEREUSE, ET CHEZ QUELS PEUPLES ELLE EST PERMISE

Quelques-uns ont dit que si l'on usait d'une indulgence paternelle envers nos frères errants qui prient Dieu en mauvais français, ce serait leur mettre les armes à la main ; qu'on verrait de nouvelles batailles de Jarnac, de Moncontour, de Coutras, de Dreux, de Saint-Denis, etc. : c'est ce que j'ignore, parce que je ne suis pas un prophète ; mais il me semble que ce n'est pas raisonner conséquemment que de dire : « Ces hommes se sont soulevés quand je leur ai fait du mal : donc ils se soulèveront quand je leur ferai du bien. »

J'oserais prendre la liberté d'inviter ceux qui sont à la tête du gouvernement, et ceux qui sont destinés aux grandes places, à vouloir bien examiner mûrement si l'on doit craindre en effet que la douceur produise les mêmes révoltes que la cruauté a fait naître ; si ce qui est arrivé dans certaines circonstances doit arriver dans d'autres ; si les temps, l'opinion, les mœurs, sont toujours les mêmes.

Les huguenots, sans doute, ont été enivrés de fanatisme et souillés de sang comme nous ; mais la génération présente est-elle aussi barbare que leurs pères ? Le temps, la raison qui fait tant de progrès, les bons livres, la douceur de la société, n'ont-ils point pénétré chez ceux qui conduisent l'esprit de ces peuples ? et ne nous apercevons-nous pas que presque toute l'Europe a changé de face depuis environ cinquante années ?

Le gouvernement s'est fortifié partout, tandis que les mœurs se sont adoucies. La police générale, soutenue d'armées nombreuses toujours existantes, ne permet pas d'ailleurs de craindre le retour de ces temps anarchiques, où des paysans calvinistes combattaient des paysans catholiques enrégimentés à la hâte entre les semailles et les moissons.

D'autres temps, d'autres soins. Il serait absurde de décimer aujourd'hui la Sorbonne parce qu'elle présenta requête autrefois pour faire brûler la Pucelle d'Orléans ; parce qu'elle déclara Henri III déchu du droit de régner, qu'elle l'excommunia, qu'elle proscrivit le grand Henri IV. On ne recherchera pas sans doute les autres corps du royaume, qui commirent les mêmes excès dans ces temps de frénésie : cela serait non seulement injuste ; mais il y aurait autant de folie qu'à purger tous les habitants de Marseille parce qu'ils ont eu la peste en 1720.

Irons-nous saccager Rome, comme firent les troupes de Charles Quint, parce que Sixte Quint, en 1585, accorda neuf ans d'indulgence à tous les Français qui prendraient les armes contre leur souverain ? Et n'est-ce pas assez d'empêcher Rome de se porter jamais à des excès semblables ?

La fureur qu'inspirent l'esprit dogmatique et l'abus de la religion chrétienne mal entendue a répandu autant de sang, a produit autant de désastres, en Allemagne, en Angleterre, et même en Hollande, qu'en France : cependant aujourd'hui la différence des religions ne cause aucun trouble dans ces États ; le juif, le catholique, le grec, le luthérien, le calviniste, l'anabaptiste, le socinien, le mennonite, le morave, et tant d'autres, vivent en frères dans ces contrées, et contribuent également au bien de la société.

On ne craint plus en Hollande que les disputes d'un Gomar [23] sur la prédestination fassent trancher la tête au grand pensionnaire. On ne craint plus à Londres que les querelles des presbytériens et des épiscopaux,

pour une liturgie et pour un surplis, répandent le sang
d'un roi sur un échafaud[24]. L'Irlande peuplée et
enrichie ne verra plus ses citoyens catholiques sacrifier
à Dieu pendant deux mois ses citoyens protestants, les
enterrer vivants, suspendre les mères à des gibets,
attacher les filles au cou de leurs mères, et les voir
expirer ensemble ; ouvrir le ventre des femmes
enceintes, en tirer les enfants à demi formés, et les
donner à manger aux porcs et aux chiens ; mettre un
poignard dans la main de leurs prisonniers garrottés,
et conduire leurs bras dans le sein de leurs femmes, de
leurs pères, de leurs mères, de leurs filles, s'imaginant
en faire mutuellement des parricides, et les damner
tous en les exterminant tous. C'est ce que rapporte
Rapin-Thoiras, officier en Irlande, presque contemporain ; c'est ce que rapportent toutes les annales,
toutes les histoires d'Angleterre, et ce qui sans doute
ne sera jamais imité. La philosophie, la seule philosophie, cette sœur de la religion, a désarmé des mains
que la superstition avait si longtemps ensanglantées ;
et l'esprit humain, au réveil de son ivresse, s'est
étonné des excès où l'avait emporté le fanatisme.

Nous-mêmes, nous avons en France une province
opulente où le luthéranisme l'emporte sur le catholicisme. L'université d'Alsace est entre les mains des
luthériens ; ils occupent une partie des charges municipales : jamais la moindre querelle religieuse n'a
dérangé le repos de cette province depuis qu'elle
appartient à nos rois. Pourquoi ? C'est qu'on n'y a
persécuté personne[25]. Ne cherchez point à gêner les
cœurs, et tous les cœurs seront à vous.

Je ne dis pas que tous ceux qui ne sont point de la
religion du prince doivent partager les places et les
honneurs de ceux qui sont de la religion dominante.
En Angleterre, les catholiques, regardés comme attachés au parti du prétendant, ne peuvent parvenir aux
emplois : ils payent même double taxe ; mais ils
jouissent d'ailleurs de tous les droits des citoyens.

On a soupçonné quelques évêques français de
penser qu'il n'est ni de leur honneur ni de leur intérêt

d'avoir dans leur diocèse des calvinistes, et que c'est là le plus grand obstacle à la tolérance; je ne le puis croire. Le corps des évêques, en France, est composé de gens de qualité qui pensent et qui agissent avec une noblesse digne de leur naissance; ils sont charitables et généreux, c'est une justice qu'on doit leur rendre; ils doivent penser que certainement leurs diocésains fugitifs ne se convertiront pas dans les pays étrangers, et que, retournés auprès de leurs pasteurs, ils pourraient être éclairés par leurs instructions et touchés par leurs exemples : il y aurait de l'honneur à les convertir, le temporel n'y perdrait pas, et plus il y aurait de citoyens, plus les terres des prélats rapporteraient.

Un évêque de Varmie, en Pologne, avait un anabaptiste pour fermier, et un socinien pour receveur; on lui proposa de chasser et de poursuivre l'un, parce qu'il ne croyait pas la consubstantialité, et l'autre, parce qu'il ne baptisait son fils qu'à quinze ans : il répondit qu'ils seraient éternellement damnés dans l'autre monde, mais que, dans ce monde-ci, ils lui étaient très nécessaires.

Sortons de notre petite sphère, et examinons le reste de notre globe. Le Grand Seigneur gouverne en paix vingt peuples de différentes religions; deux cent mille Grecs vivent avec sécurité dans Constantinople; le muphti même nomme et présente à l'empereur le patriarche grec; on y souffre un patriarche latin. Le sultan nomme des évêques latins pour quelques îles de la Grèce [26], et voici la formule dont il se sert : « Je lui commande d'aller résider évêque dans l'île de Chio, selon leur ancienne coutume et leurs vaines cérémonies. » Cet empire est rempli de jacobites, de nestoriens, de monothélites; il y a des cophtes, des chrétiens de Saint-Jean, des juifs, des guèbres, des banians. Les annales turques ne font mention d'aucune révolte excitée par aucune de ces religions.

Allez dans l'Inde, dans la Perse, dans la Tartarie, vous y verrez la même tolérance et la même tranquillité. Pierre le Grand a favorisé tous les cultes dans son vaste empire; le commerce et l'agriculture y ont gagné, et le corps politique n'en a jamais souffert.

Le gouvernement de la Chine n'a jamais adopté, depuis plus de quatre mille ans qu'il est connu, que le culte des noachides[27], l'adoration simple d'un seul Dieu : cependant il tolère les superstitions de Fô[28], et une multitude de bonzes qui serait dangereuse si la sagesse des tribunaux ne les avait pas toujours contenus.

Il est vrai que le grand empereur Young-tching, le plus sage et le plus magnanime peut-être qu'ait eu la Chine, a chassé les jésuites ; mais ce n'était pas parce qu'il était intolérant, c'était, au contraire, parce que les jésuites l'étaient. Ils rapportent eux-mêmes, dans leurs *Lettres curieuses*[29], les paroles que leur dit ce bon prince : « Je sais que votre religion est intolérante ; je sais ce que vous avez fait aux Manilles et au Japon ; vous avez trompé mon père, n'espérez pas me tromper moi-même. » Qu'on lise tout le discours qu'il daigna leur tenir, on le trouvera le plus sage et le plus clément des hommes. Pouvait-il, en effet, retenir des physiciens d'Europe qui, sous le prétexte de montrer des thermomètres et des éolipyles à la cour, avaient soulevé déjà un prince du sang ? Et qu'aurait dit cet empereur, s'il avait lu nos histoires, s'il avait connu nos temps de la Ligue et de la conspiration des poudres[30] ?

C'en était assez pour lui d'être informé des querelles indécentes des jésuites, des dominicains, des capucins, des prêtres séculiers, envoyés du bout du monde dans ses États : ils venaient prêcher la vérité, et ils s'anathématisaient les uns les autres. L'empereur ne fit donc que renvoyer des perturbateurs étrangers ; mais avec quelle bonté les renvoya-t-il ! quels soins paternels n'eut-il pas d'eux pour leur voyage et pour empêcher qu'on ne les insultât sur la route ! Leur bannissement même fut un exemple de tolérance et d'humanité.

Les Japonais[31] étaient les plus tolérants de tous les hommes : douze religions paisibles étaient établies dans leur empire ; les jésuites vinrent faire la treizième, mais bientôt, n'en voulant pas souffrir d'autre, on sait ce qui en résulta : une guerre civile, non moins affreuse que celle de la Ligue, désola ce pays. La religion chrétienne fut noyée enfin dans des flots de sang ; les Japonais fermèrent leur empire au reste du monde, et ne nous regardèrent que comme des bêtes farouches, semblables à celles dont les Anglais ont purgé leur île. C'est en vain que le ministre Colbert, sentant le besoin que nous avions des Japonais, qui n'ont nul besoin de nous, tenta d'établir un commerce avec leur empire : il les trouva inflexibles.

Ainsi donc notre continent entier nous prouve qu'il ne faut ni annoncer ni exercer l'intolérance.

Jetez les yeux sur l'autre hémisphère ; voyez la Caroline, dont le sage Locke fut le législateur : il suffit de sept pères de famille pour établir un culte public approuvé par la loi ; cette liberté n'a fait naître aucun désordre. Dieu nous préserve de citer cet exemple pour engager la France à l'imiter ! on ne le rapporte que pour faire voir que l'excès le plus grand où puisse aller la tolérance n'a pas été suivi de la plus légère dissension ; mais ce qui est très utile et très bon dans une colonie naissante n'est pas convenable dans un ancien royaume.

Que dirons-nous des primitifs, que l'on a nommés *quakers* par dérision, et qui, avec des usages peut-être ridicules, ont été si vertueux et ont enseigné inutilement la paix au reste des hommes ? Ils sont en Pennsylvanie au nombre de cent mille ; la discorde, la controverse, sont ignorées dans l'heureuse patrie qu'ils se sont faite, et le nom seul de leur ville de Philadelphie [32], qui leur rappelle à tout moment que les hommes sont frères, est l'exemple et la honte des peuples qui ne connaissent pas encore la tolérance.

Enfin cette tolérance n'a jamais excité de guerre civile ; l'intolérance a couvert la terre de carnage. Qu'on juge maintenant entre ces deux rivales, entre la mère qui veut qu'on égorge son fils, et la mère qui le cède pourvu qu'il vive [33] !

Je ne parle ici que de l'intérêt des nations ; et en

respectant, comme je le dois, la théologie, je n'envisage dans cet article que le bien physique et moral de la société. Je supplie tout lecteur impartial de peser ces vérités, de les rectifier, et de les étendre. Des lecteurs attentifs, qui se communiquent leurs pensées, vont toujours plus loin que l'auteur [34].

CHAPITRE V

J'ose supposer qu'un ministre éclairé et magnanime, un prélat humain et sage, un prince qui sait que son intérêt consiste dans le grand nombre de ses sujets, et sa gloire dans leur bonheur, daigne jeter les yeux sur cet écrit informe et défectueux : il y supplée par ses propres lumières ; il se dit à lui-même : Que risquerai-je à voir la terre cultivée et ornée par plus de mains laborieuses, les tributs augmentés, l'État plus florissant ?

L'Allemagne serait un désert couvert des ossements des catholiques, évangéliques, réformés, anabaptistes, égorgés les uns par les autres, si la paix de Westphalie n'avait pas procuré enfin la liberté de conscience.

Nous avons des juifs à Bordeaux, à Metz, en Alsace[35] ; nous avons des luthériens, des molinistes, des jansénistes : ne pouvons-nous pas souffrir et contenir des calvinistes à peu près aux mêmes conditions que les catholiques sont tolérés à Londres ? Plus il y a de sectes, moins chacune est dangereuse ; la multiplicité les affaiblit ; toutes sont réprimées par de justes lois qui défendent les assemblées tumultueuses, les injures, les séditions, et qui sont toujours en vigueur par la force coactive.

Nous savons que plusieurs chefs de famille, qui ont élevé de grandes fortunes dans les pays étrangers, sont prêts à retourner dans leur patrie ; ils ne demandent que la protection de la loi naturelle, la validité de leurs mariages, la certitude de l'état de leurs enfants, le droit d'hériter de leurs pères, la franchise de leurs personnes ; point de temples publics, point de droit aux charges municipales, aux dignités : les catholiques n'en ont ni à Londres ni en plusieurs autres pays. Il ne s'agit plus de donner des privilèges immenses, des places de sûreté à une faction, mais de laisser vivre un peuple paisible, d'adoucir des édits autrefois peut-être nécessaires, et qui ne le sont plus. Ce n'est pas à nous d'indiquer au ministère ce qu'il peut faire ; il suffit de l'implorer pour des infortunés.

Que de moyens de les rendre utiles, et d'empêcher qu'ils ne soient jamais dangereux ! La prudence du ministère et du conseil, appuyée de la force, trouvera bien aisément ces moyens, que tant d'autres nations emploient si heureusement.

Il y a des fanatiques encore dans la populace calviniste ; mais il est constant qu'il y en a davantage dans la populace convulsionnaire. La lie des insensés de Saint-Médard est comptée pour rien dans la nation, celle des prophètes calvinistes est anéantie [36]. Le grand moyen de diminuer le nombre des maniaques, s'il en reste, est d'abandonner cette maladie de l'esprit au régime de la raison, qui éclaire lentement, mais infailliblement, les hommes. Cette raison est douce, elle est humaine, elle inspire l'indulgence, elle étouffe la discorde, elle affermit la vertu, elle rend aimable l'obéissance aux lois, plus encore que la force ne les maintient. Et comptera-t-on pour rien le ridicule attaché aujourd'hui à l'enthousiasme par tous les honnêtes gens ? Ce ridicule est une puissante barrière contre les extravagances de tous les sectaires. Les temps passés sont comme s'ils n'avaient jamais été. Il faut toujours partir du point où l'on est, et de celui où les nations sont parvenues.

Il a été un temps où l'on se crut obligé de rendre des arrêts contre ceux qui enseignaient une doctrine contraire aux catégories d'Aristote, à l'horreur du vide, aux quiddités, et à l'universel de la part de la chose. Nous avons en Europe plus de cent volumes de jurisprudence sur la sorcellerie, et sur la manière de distinguer les faux sorciers des véritables. L'excommunication des sauterelles et des insectes nuisibles aux moissons a été très en usage, et subsiste encore dans plusieurs rituels. L'usage est passé ; on laisse en paix Aristote, les sorciers et les sauterelles. Les exemples de ces graves démences, autrefois si importantes, sont innombrables : il en revient d'autres de temps en temps ; mais quand elles ont fait leur effet, quand on en est rassasié, elles s'anéantissent. Si quelqu'un s'avisait aujourd'hui d'être carpocratien, ou eutychéen, ou monothélite, monophysite, nestorien, manichéen, etc., qu'arriverait-il ? On en rirait, comme d'un homme habillé à l'antique, avec une fraise et un pourpoint.

La nation commençait à entr'ouvrir les yeux lorsque les jésuites Le Tellier et Doucin fabriquèrent la bulle *Unigenitus,* qu'ils envoyèrent à Rome : ils crurent être encore dans ces temps d'ignorance où les peuples adoptaient sans examen les assertions les plus absurdes. Ils osèrent proscrire cette proposition, qui est d'une vérité universelle dans tous les cas et dans tous les temps : « La crainte d'une excommunication injuste ne doit point empêcher de faire son devoir. » C'était proscrire la raison, les libertés de l'Église gallicane, et le fondement de la morale ; c'était dire aux hommes : Dieu vous ordonne de ne jamais faire votre devoir, dès que vous craindrez l'injustice. On n'a jamais heurté le sens commun plus effrontément. Les consulteurs de Rome n'y prirent pas garde. On persuada à la cour de Rome que cette bulle était nécessaire, et que la nation la désirait ; elle fut signée, scellée, et envoyée : on en sait les suites ; certainement, si on les avait prévues, on aurait mitigé la bulle. Les querelles ont été vives ; la prudence et la bonté du roi les ont enfin apaisées.

Il en est de même dans une grande partie des points qui divisent les protestants et nous : il y en a quelquesuns qui ne sont d'aucune conséquence ; il y en a d'autres plus graves, mais sur lesquels la fureur de la dispute est tellement amortie que les protestants eux-mêmes ne prêchent aujourd'hui la controverse en aucune de leurs églises.

C'est donc ce temps de dégoût, de satiété, ou plutôt de raison, qu'on peut saisir comme une époque et un gage de la tranquillité publique. La controverse est une maladie épidémique qui est sur sa fin, et cette peste, dont on est guéri, ne demande plus qu'un régime doux. Enfin l'intérêt de l'État est que des fils expatriés reviennent avec modestie dans la maison de leur père : l'humanité le demande, la raison le conseille, et la politique ne peut s'en effrayer.

CHAPITRE VI

SI L'INTOLÉRANCE EST DE DROIT NATUREL
ET DE DROIT HUMAIN

Le droit naturel est celui que la nature indique à tous les hommes. Vous avez élevé votre enfant, il vous doit du respect comme à son père, de la reconnaissance comme à son bienfaiteur. Vous avez droit aux productions de la terre que vous avez cultivée par vos mains. Vous avez donné et reçu une promesse, elle doit être tenue.

Le droit humain ne peut être fondé en aucun cas que sur ce droit de nature; et le grand principe, le principe universel de l'un et de l'autre, est, dans toute la terre : « Ne fais pas ce que tu ne voudrais pas qu'on te fît. » Or on ne voit pas comment, suivant ce principe, un homme pourrait dire à un autre : « Crois ce que je crois, et ce que tu ne peux croire, ou tu périras. » C'est ce qu'on dit en Portugal, en Espagne, à Goa. On se contente à présent, dans quelques autres pays, de dire : « Crois, ou je t'abhorre; crois, ou je te ferai tout le mal que je pourrai; monstre, tu n'as pas ma religion, tu n'as donc point de religion : il faut que tu sois en horreur à tes voisins, à ta ville, à ta province. »

S'il était de droit humain de se conduire ainsi, il faudrait donc que le Japonais détestât le Chinois, qui aurait en exécration le Siamois; celui-ci poursuivrait les Gangarides, qui tomberaient sur les habitants de l'Indus; un Mogol arracherait le cœur au premier Malabare qu'il trouverait; le Malabare pourrait égor-

ger le Persan, qui pourrait massacrer le Turc : et tous
ensemble se jetteraient sur les chrétiens, qui se sont si
longtemps dévorés les uns les autres.

Le droit de l'intolérance est donc absurde et
barbare : c'est le droit des tigres, et il est bien
horrible, car les tigres ne déchirent que pour manger,
et nous nous sommes exterminés pour des para-
graphes.

CHAPITRE VII

Les peuples dont l'histoire nous a donné quelques faibles connaissances ont tous regardé leurs différentes religions comme des nœuds qui les unissaient tous ensemble : c'était une association du genre humain. Il y avait une espèce de droit d'hospitalité entre les dieux comme entre les hommes. Un étranger arrivait-il dans une ville, il commençait par adorer les dieux du pays. On ne manquait jamais de vénérer les dieux même de ses ennemis. Les Troyens adressaient des prières aux dieux qui combattaient pour les Grecs.

Alexandre alla consulter dans les déserts de la Libye le dieu Ammon, auquel les Grecs donnèrent le nom de *Zeus*, et les Latins, de *Jupiter*, quoique les uns et les autres eussent leur *Jupiter* et leur *Zeus* chez eux. Lorsqu'on assiégeait une ville, on faisait un sacrifice et des prières aux dieux de la ville pour se les rendre favorables. Ainsi, au milieu même de la guerre, la religion réunissait les hommes, et adoucissait quelquefois leurs fureurs, si quelquefois elle leur commandait des actions inhumaines et horribles.

Je peux me tromper ; mais il me paraît que de tous les anciens peuples policés, aucun n'a gêné la liberté de penser. Tous avaient une religion ; mais il me semble qu'ils en usaient avec les hommes comme avec leurs dieux : ils reconnaissaient tous un dieu suprême, mais ils lui associaient une quantité prodigieuse de divinités inférieures ; ils n'avaient qu'un culte, mais ils permettaient une foule de systèmes particuliers.

Les Grecs, par exemple, quelque religieux qu'ils fussent, trouvaient bon que les épicuriens niassent la Providence et l'existence de l'âme. Je ne parle pas des autres sectes, qui toutes blessaient les idées saines qu'on doit avoir de l'Être créateur, et qui toutes étaient tolérées.

Socrate, qui approcha le plus près de la connaissance du Créateur, en porta, dit-on, la peine, et mourut martyr de la Divinité ; c'est le seul que les Grecs aient fait mourir pour ses opinions. Si ce fut en effet la cause de sa condamnation, cela n'est pas à l'honneur de l'intolérance, puisqu'on ne punit que celui qui seul rendit gloire à Dieu, et qu'on honora tous ceux qui donnaient de la Divinité les notions les plus indignes. Les ennemis de la tolérance ne doivent pas, à mon avis, se prévaloir de l'exemple odieux des juges de Socrate.

Il est évident d'ailleurs qu'il fut la victime d'un parti furieux animé contre lui. Il s'était fait des ennemis irréconciliables des sophistes, des orateurs, des poètes, qui enseignaient dans les écoles, et même de tous les précepteurs qui avaient soin des enfants de distinction. Il avoue lui-même, dans son discours rapporté par Platon [37], qu'il allait de maison en maison prouver à ces précepteurs qu'ils n'étaient que des ignorants. Cette conduite n'était pas digne de celui qu'un oracle avait déclaré le plus sage des hommes. On déchaîna contre lui un prêtre et un conseiller des Cinq-cents, qui l'accusèrent ; j'avoue que je ne sais pas précisément de quoi, je ne vois que du vague dans son Apologie ; on lui fait dire en général qu'on lui imputait d'inspirer aux jeunes gens des maximes contre la religion et le gouvernement. C'est ainsi qu'en usent tous les jours les calomniateurs dans le monde ; mais il faut dans un tribunal des faits avérés, des chefs d'accusation précis et circonstanciés : c'est ce que le procès de Socrate ne nous fournit point ; nous savons seulement qu'il eut d'abord deux cent vingt voix pour lui. Le tribunal des Cinq-cents possédait donc deux cent vingt philosophes : c'est beaucoup ; je doute qu'on les trouvât ailleurs. Enfin la pluralité fut pour la ciguë ; mais aussi songeons que les Athéniens, revenus à eux-mêmes, eurent les accusateurs et les juges en horreur ; que Mélitus, le principal auteur de cet arrêt, fut condamné à mort pour cette injustice ; que les autres furent bannis, et qu'on éleva un temple à Socrate. Jamais la philosophie ne fut si bien vengée ni tant honorée. L'exemple de Socrate est au fond le plus terrible argument qu'on puisse alléguer contre l'into-lérance. Les Athéniens avaient un autel dédié aux dieux étrangers, aux dieux qu'ils ne pouvaient connaî-tre. Y a-t-il une plus forte preuve non seulement d'indulgence pour toutes les nations, mais encore de respect pour leurs cultes ?

Un honnête homme, qui n'est ennemi ni de la raison, ni de la littérature, ni de la probité, ni de la patrie, en justifiant depuis peu la Saint-Barthélemy, cite la guerre des Phocéens, nommée *la guerre sacrée,* comme si cette guerre avait été allumée pour le culte, pour le dogme, pour des arguments de théologie ; il s'agissait de savoir à qui appartiendrait un champ : c'est le sujet de toutes les guerres. Des gerbes de blé ne sont pas un symbole de croyance ; jamais aucune ville grecque ne combattit pour des opinions. D'ail-leurs, que prétend cet homme modeste et doux ? Veut-il que nous fassions une guerre sacrée [38] ?

CHAPITRE VIII

SI LES ROMAINS ONT ÉTÉ TOLÉRANTS

Chez les anciens Romains, depuis Romulus jusqu'aux temps où les chrétiens disputèrent avec les prêtres de l'empire, vous ne voyez pas un seul homme persécuté pour ses sentiments. Cicéron douta de tout, Lucrèce nia tout ; et on ne leur en fit pas le plus léger reproche. La licence même alla si loin que Pline le Naturaliste commence son livre par nier un Dieu, et par dire qu'il en est un, c'est le soleil. Cicéron dit, en parlant des enfers : « *Non est anus tam excors quæ credat* ; il n'y a pas même de vieille imbécile pour les croire[39]. » Juvénal dit : « *Nec pueri credunt* (satire II, vers 152) ; les enfants n'en croient rien. » On chantait sur le théâtre de Rome :

Post mortem nihil est, ipsaque mors nihil.
(SÉNÈQUE, *Troade* ; chœur à la fin du second acte.)

Rien n'est après la mort, la mort même n'est rien.

Abhorrons ces maximes, et, tout au plus, pardonnons-les à un peuple que les évangiles n'éclairaient pas : elles sont fausses, elles sont impies ; mais concluons que les Romains étaient très tolérants, puisqu'elles n'excitèrent jamais le moindre murmure.

Le grand principe du sénat et du peuple romain était : « *Deorum offensæ diis curæ* ; c'est aux dieux seuls à se soucier des offenses faites aux dieux. » Ce peuple-roi ne songeait qu'à conquérir, à gouverner et à policer l'univers. Ils ont été nos législateurs, comme nos vainqueurs ; et jamais César, qui nous donna des fers, des lois, et des jeux, ne voulut nous forcer à quitter nos druides pour lui, tout grand pontife qu'il était d'une nation notre souveraine.

Les Romains ne professaient pas tous les cultes, ils ne donnaient pas à tous la sanction publique ; mais ils les permirent tous. Ils n'eurent aucun objet matériel de culte sous Numa, point de simulacres, point de statues ; bientôt ils en élevèrent aux dieux *majorum gentium*, que les Grecs leur firent connaître. La loi des douze tables, *Deos peregrinos ne colunto*, se réduisit à n'accorder le culte public qu'aux divinités supérieures approuvées par le sénat. Isis eut un temple dans Rome, jusqu'au temps où Tibère le démolit, lorsque les prêtres de ce temple, corrompus par l'argent de Mundus, le firent coucher dans le temple, sous le nom du dieu Anubis, avec une femme nommée Pauline. Il est vrai que Josèphe est le seul qui rapporte cette histoire ; il n'était pas contemporain, il était crédule et exagérateur. Il y a peu d'apparence que, dans un temps aussi éclairé que celui de Tibère, une dame de la première condition eût été assez imbécile pour croire avoir les faveurs du dieu Anubis.

Mais que cette anecdote soit vraie ou fausse, il demeure certain que la superstition égyptienne avait élevé un temple à Rome avec le consentement public. Les Juifs y commerçaient dès le temps de la guerre punique ; ils y avaient des synagogues du temps d'Auguste, et ils les conservèrent presque toujours, ainsi que dans Rome moderne. Y a-t-il un plus grand exemple que la tolérance était regardée par les Romains comme la loi la plus sacrée du droit des gens ?

On nous dit qu'aussitôt que les chrétiens parurent, ils furent persécutés par ces mêmes Romains qui ne persécutaient personne. Il me paraît évident que ce fait est très faux ; je n'en veux pour preuve que saint Paul lui-même. Les *Actes des apôtres* nous apprennent que [40], saint Paul étant accusé par les Juifs de vouloir détruire la loi mosaïque par Jésus-Christ, saint Jacques proposa à saint Paul de se faire raser la tête, et d'aller se purifier dans le temple avec quatre Juifs, « afin que tout le monde sache que tout ce qu'on dit de vous est faux, et que vous continuez à garder la loi de Moïse ».

Paul, chrétien, alla donc s'acquitter de toutes les cérémonies judaïques pendant sept jours ; mais les sept jours n'étaient pas encore écoulés quand des Juifs d'Asie le reconnurent ; et, voyant qu'il était entré dans le temple, non seulement avec des Juifs, mais avec des Gentils, ils crièrent à la profanation : on le saisit, on le mena devant le gouverneur Félix, et ensuite on s'adressa au tribunal de Festus. Les Juifs en foule demandèrent sa mort ; Festus leur répondit [41] : « Ce n'est point la coutume des Romains de condamner un homme avant que l'accusé ait ses accusateurs devant lui, et qu'on lui ait donné la liberté de se défendre. »

Ces paroles sont d'autant plus remarquables dans ce magistrat romain qu'il paraît n'avoir eu nulle considération pour saint Paul, n'avoir senti pour lui que du mépris : trompé par les fausses lumières de sa raison, il le prit pour un fou ; il lui dit à lui-même qu'il était en démence [42] : *Multæ te litteræ ad insaniam convertunt.* Festus n'écouta donc que l'équité de la loi romaine en donnant sa protection à un inconnu qu'il ne pouvait estimer.

Voilà le Saint-Esprit lui-même qui déclare que les Romains n'étaient pas persécuteurs, et qu'ils étaient justes. Ce ne sont pas les Romains qui se soulevèrent contre saint Paul, ce furent les Juifs. Saint Jacques, frère de Jésus, fut lapidé par l'ordre d'un Juif saducéen, et non d'un Romain. Les Juifs seuls lapidèrent saint Étienne [43] ; et lorsque saint Paul gardait les manteaux des exécuteurs [44], certes il n'agissait pas en citoyen romain.

Les premiers chrétiens n'avaient rien sans doute à démêler avec les Romains ; ils n'avaient d'ennemis que les Juifs, dont ils commençaient à se séparer. On sait

quelle haine implacable portent tous les sectaires à
ceux qui abandonnent leur secte. Il y eut sans doute
du tumulte dans les synagogues de Rome. Suétone dit,
dans la Vie de Claude (chap. xxv) : *Judæos, impulsore
Christo assidue tumultuantes, Roma expulit.* Il se trompait, en disant que c'était à l'instigation de Christ : il
ne pouvait pas être instruit des détails d'un peuple
aussi méprisé à Rome que l'était le peuple juif; mais il
ne se trompait pas sur l'occasion de ces querelles.
Suétone écrivait sous Adrien, dans le second siècle;
les chrétiens n'étaient pas alors distingués des Juifs
aux yeux des Romains. Le passage de Suétone fait voir
que les Romains, loin d'opprimer les premiers chrétiens, réprimaient alors les Juifs qui les persécutaient.
Ils voulaient que la synagogue de Rome eût pour ses
frères séparés la même indulgence que le sénat avait
pour elle, et les Juifs chassés revinrent bientôt après;
ils parvinrent même aux honneurs, malgré les lois qui
les en excluaient : c'est Dion Cassius et Ulpien qui
nous l'apprennent [45]. Est-il possible qu'après la ruine
de Jérusalem les empereurs eussent prodigué des
dignités aux Juifs, et qu'ils eussent persécuté, livré
aux bourreaux et aux bêtes, des chrétiens qu'on
regardait comme une secte de Juifs ?

Néron, dit-on, les persécuta. Tacite nous apprend
qu'ils furent accusés de l'incendie de Rome, et qu'on
les abandonna à la fureur du peuple. S'agissait-il de
leur croyance dans une telle accusation ? non, sans
doute. Dirons-nous que les Chinois que les Hollandais
égorgèrent, il y a quelques années, dans les faubourgs
de Batavia, furent immolés à la religion ? Quelque
envie qu'on ait de se tromper, il est impossible
d'attribuer à l'intolérance le désastre arrivé sous
Néron à quelques malheureux demi-juifs et demi-
chrétiens [46].

CHAPITRE IX

DES MARTYRS

Il y eut dans la suite des martyrs chrétiens. Il est bien difficile de savoir précisément pour quelles raisons ces martyrs furent condamnés ; mais j'ose croire qu'aucun ne le fut, sous les premiers Césars, pour sa seule religion : on les tolérait toutes ; comment aurait-on pu rechercher et poursuivre des hommes obscurs, qui avaient un culte particulier, dans le temps qu'on permettait tous les autres ?

Les Titus, les Trajan, les Antonins, les Décius, n'étaient pas des barbares : peut-on imaginer qu'ils auraient privé les seuls chrétiens d'une liberté dont jouissait toute la terre ? Les aurait-on seulement osé accuser d'avoir des mystères secrets, tandis que les mystères d'Isis, ceux de Mithra, ceux de la déesse de Syrie, tous étrangers au culte romain, étaient permis sans contradiction ? Il faut bien que la persécution ait eu d'autres causes, et que les haines particulières, soutenues par la raison d'État, aient répandu le sang des chrétiens.

Par exemple, lorsque saint Laurent refuse au préfet de Rome, Cornelius Secularis, l'argent des chrétiens qu'il avait en sa garde, il est naturel que le préfet et l'empereur soient irrités : ils ne savaient pas que saint Laurent avait distribué cet argent aux pauvres, et qu'il avait fait une œuvre charitable et sainte ; ils le regardèrent comme un réfractaire, et le firent périr [47].

Considérons le martyre de saint Polyeucte. Le

condamna-t-on pour sa religion seule ? Il va dans le temple, où l'on rend aux dieux des actions de grâces pour la victoire de l'empereur Décius ; il y insulte les sacrificateurs, il renverse et brise les autels et les statues : quel est le pays au monde où l'on pardonnerait un pareil attentat ? Le chrétien qui déchira publiquement l'édit de l'empereur Dioclétien, et qui attira sur ses frères la grande persécution dans les deux dernières années du règne de ce prince, n'avait pas un zèle selon la science, et il était bien malheureux d'être la cause du désastre de son parti. Ce zèle inconsidéré, qui éclata souvent et qui fut même condamné par plusieurs Pères de l'Église, a été probablement la source de toutes les persécutions.

Je ne compare point sans doute les premiers sacramentaires aux premiers chrétiens : je ne mets point l'erreur à côté de la vérité ; mais Farel, prédécesseur de Jean Calvin, fit dans Arles la même chose que saint Polyeucte avait faite en Arménie. On portait dans les rues la statue de saint Antoine l'ermite en procession ; Farel tombe avec quelques-uns des siens sur les moines qui portaient saint Antoine, les bat, les disperse, et jette saint Antoine dans la rivière. Il méritait la mort, qu'il ne reçut pas, parce qu'il eut le temps de s'enfuir. S'il s'était contenté de crier à ces moines qu'il ne croyait pas qu'un corbeau eût apporté la moitié d'un pain à saint Antoine l'ermite, ni que saint Antoine eût eu des conversations avec des centaures et des satyres, il aurait mérité une forte réprimande, parce qu'il troublait l'ordre ; mais si le soir, après la procession, il avait examiné paisiblement l'histoire du corbeau, des centaures, et des satyres, on n'aurait rien eu à lui reprocher.

Quoi ! les Romains auraient souffert que l'infâme Antinoüs fût mis au rang des seconds dieux, et ils auraient déchiré, livré aux bêtes, tous ceux auxquels on n'aurait reproché que d'avoir paisiblement adoré un juste ! Quoi ! ils auraient reconnu un Dieu suprême[48], un Dieu souverain, maître de tous les dieux secondaires, attesté par cette formule : *Deus optimus maximus;* et ils auraient recherché ceux qui adoraient un Dieu unique !

Il n'est pas croyable que jamais il y eut une inquisition contre les chrétiens sous les empereurs, c'est-à-dire qu'on soit venu chez eux les interroger sur leur croyance. On ne troubla jamais sur cet article ni Juif, ni Syrien, ni Égyptien, ni bardes, ni druides, ni philosophes. Les martyrs furent donc ceux qui s'élevèrent contre les faux dieux. C'était une chose très sage, très pieuse de n'y pas croire ; mais enfin si, non contents d'adorer un Dieu en esprit et en vérité, ils éclatèrent violemment contre le culte reçu, quelque absurde qu'il pût être, on est forcé d'avouer qu'eux-mêmes étaient intolérants.

Tertullien, dans son *Apologétique*, avoue [49] qu'on regardait les chrétiens comme des factieux : l'accusation était injuste, mais elle prouvait que ce n'était pas la religion seule des chrétiens qui excitait le zèle des magistrats. Il avoue [50] que les chrétiens refusaient d'orner leurs portes de branches de laurier dans les réjouissances publiques pour les victoires des empereurs : on pouvait aisément prendre cette affectation condamnable pour un crime de lèse-majesté.

La première sévérité juridique exercée contre les chrétiens fut celle de Domitien ; mais elle se borna à un exil qui ne dura pas une année : « Facile cœptum repressit, restitutis etiam quos relegaverat », dit Tertullien (chap. v). Lactance, dont le style est si emporté, convient que, depuis Domitien jusqu'à Décius, l'Église fut tranquille et florissante [51]. Cette longue paix, dit-il, fut interrompue quand cet exécrable animal Décius opprima l'Église : « Exstitit enim post annos plurimos exsecrabile animal Decius, qui vexaret Ecclesiam. » (*Apol.*, chap. IV.)

On ne veut point discuter ici le sentiment du savant Dodwell sur le petit nombre des martyrs ; mais si les Romains avaient tant persécuté la religion chrétienne, si le sénat avait fait mourir tant d'innocents par des supplices inusités, s'ils avaient plongé des chrétiens dans l'huile bouillante, s'ils avaient exposé des filles toutes nues aux bêtes dans le cirque, comment auraient-ils laissé en paix tous les premiers évêques de Rome ? Saint Irénée ne compte pour martyr parmi ces évêques que le seul Télesphore, dans l'an 139 de l'ère vulgaire, et on n'a aucune preuve que ce Télesphore ait été mis à mort. Zéphirin gouverna le troupeau de Rome pendant dix-huit années, et mourut paisiblement l'an 219. Il est vrai que, dans les anciens martyrologes, on place presque tous les premiers papes ; mais le mot de martyre n'était pris alors que suivant sa véritable signification : *martyre* voulait dire *témoignage*, et non pas *supplice*.

Il est difficile d'accorder cette fureur de persécution avec la liberté qu'eurent les chrétiens d'assembler cinquante-six conciles que les écrivains ecclésiastiques comptent dans les trois premiers siècles.

Il y eut des persécutions ; mais si elles avaient été aussi violentes qu'on le dit, il est vraisemblable que Tertullien, qui écrivit avec tant de force contre le culte reçu, ne serait pas mort dans son lit. On sait bien que les empereurs ne lurent pas son *Apologétique* ; qu'un écrit obscur, composé en Afrique, ne parvient pas à ceux qui sont chargés du gouvernement du monde ; mais il devait être connu de ceux qui approchaient le proconsul d'Afrique : il devait attirer beaucoup de haine à l'auteur ; cependant il ne souffrit point le martyre.

Origène enseigna publiquement dans Alexandrie, et ne fut point mis à mort. Ce même Origène, qui parlait avec tant de liberté aux païens et aux chrétiens, qui annonçait Jésus aux uns, qui niait un Dieu en trois personnes aux autres, avoue expressément, dans son troisième livre contre Celse, « qu'il y a eu très peu de martyrs, et encore de loin à loin. Cependant, dit-il, les chrétiens ne négligent rien pour faire embrasser leur religion par tout le monde ; ils courent dans les villes, dans les bourgs, dans les villages ».

Il est certain que ces courses continuelles pouvaient être aisément accusées de sédition par les prêtres ennemis ; et pourtant ces missions sont tolérées, malgré le peuple égyptien, toujours turbulent, séditieux et lâche : peuple qui avait déchiré un Romain pour avoir tué un chat, peuple en tout temps méprisable, quoi qu'en disent les admirateurs des pyramides [52].

Qui devait plus soulever contre lui les prêtres et le gouvernement que saint Grégoire Thaumaturge, disciple d'Origène ? Grégoire avait vu pendant la nuit un vieillard envoyé de Dieu, accompagné d'une femme resplendissante de lumière : cette femme était la sainte Vierge, et ce vieillard était saint Jean l'évangéliste. Saint Jean lui dicta un symbole que saint Grégoire alla prêcher. Il passa, en allant à Néocésarée, près d'un temple où l'on rendait des oracles et où la pluie l'obligea de passer la nuit ; il y fit plusieurs signes de croix. Le lendemain le grand sacrificateur du temple fut étonné que les démons, qui lui répondaient auparavant, ne voulaient plus rendre d'oracles ; il les appela : les diables vinrent pour lui dire qu'ils ne viendraient plus ; ils lui apprirent qu'ils ne pouvaient plus habiter ce temple, parce que Grégoire y avait passé la nuit, et qu'il y avait fait des signes de croix.

Le sacrificateur fit saisir Grégoire, qui lui répondit : « Je peux chasser les démons d'où je veux, et les faire entrer où il me plaira. — Faites-les donc rentrer dans mon temple », dit le sacrificateur. Alors Grégoire déchira un petit morceau d'un volume qu'il tenait à la main, et y traça ces paroles : « Grégoire à Satan : Je te commande de rentrer dans ce temple. » On mit ce billet sur l'autel : les démons obéirent, et rendirent ce jour-là leurs oracles comme à l'ordinaire ; après quoi ils cessèrent, comme on le sait.

C'est saint Grégoire de Nysse qui rapporte ces faits dans la vie de saint Grégoire Thaumaturge. Les prêtres des idoles devaient sans doute être animés contre Grégoire, et, dans leur aveuglement, le déférer au magistrat : cependant leur plus grand ennemi n'essuya aucune persécution.

Il est dit dans l'histoire de saint Cyprien qu'il fut le premier évêque de Carthage condamné à la mort. Le

martyre de saint Cyprien est de l'an 258 de notre ère :
donc pendant un très long temps aucun évêque de
Carthage ne fut immolé pour sa religion. L'histoire ne
nous dit point quelles calomnies s'élevèrent contre
saint Cyprien, quels ennemis il avait, pourquoi le
proconsul d'Afrique fut irrité contre lui. Saint
Cyprien écrit à Cornélius, évêque de Rome : « Il
arriva depuis peu une émotion populaire à Carthage,
et on cria par deux fois qu'il fallait me jeter aux
lions. » Il est bien vraisemblable que les emporte-
ments du peuple féroce de Carthage furent enfin cause
de la mort de Cyprien ; et il est bien sûr que ce ne fut
pas l'empereur Gallus qui le condamna de si loin pour
sa religion, puisqu'il laissait en paix Corneille, qui
vivait sous ses yeux.

Tant de causes secrètes se mêlent souvent à la cause
apparente, tant de ressorts inconnus servent à persécuter un homme, qu'il est impossibe de démêler dans
les siècles postérieurs la source cachée des malheurs
des hommes les plus considérables, à plus forte raison
celle du supplice d'un particulier qui ne pouvait être
connu que par ceux de son parti.

Remarquez que saint Grégoire Thaumaturge et
saint Denis, évêque d'Alexandrie, qui ne furent point
suppliciés, vivaient dans le temps de saint Cyprien.
Pourquoi, étant aussi connus pour le moins que cet
évêque de Carthage, demeurèrent-ils paisibles ? Et
pourquoi saint Cyprien fut-il livré au supplice ? N'y a-
t-il pas quelque apparence que l'un succomba sous des
ennemis personnels et puissants, sous la calomnie,
sous le prétexte de la raison d'État, qui se joint si
souvent à la religion, et que les autres eurent le
bonheur d'échapper à la méchanceté des hommes ?

Il n'est guère possible que la seule accusation de
christianisme ait fait périr saint Ignace sous le clément
et juste Trajan, puisqu'on permit aux chrétiens de
l'accompagner et de le consoler, quand on le conduisit
à Rome[53]. Il y avait eu souvent des séditions dans
Antioche, ville toujours turbulente, où Ignace était
évêque secret des chrétiens : peut-être ces séditions,

malignement imputées aux chrétiens innocents, excitèrent l'attention du gouvernement, qui fut trompé,
comme il est trop souvent arrivé.

Saint Siméon, par exemple, fut accusé devant Sapor
d'être l'espion des Romains. L'histoire de son martyre
rapporte que le roi Sapor lui proposa d'adorer le
soleil; mais on sait que les Perses ne rendaient point
de culte au soleil : ils le regardaient comme un
emblème du bon principe, d'Oromase, ou Orosmade,
du Dieu créateur qu'ils reconnaissaient.

Quelque tolérant que l'on puisse être, on ne peut
s'empêcher de sentir quelque indignation contre ces
déclamateurs qui accusent Dioclétien d'avoir persécuté les chrétiens depuis qu'il fut sur le trône;
rapportons-nous-en à Eusèbe de Césarée : son témoignage ne peut être récusé; le favori, le panégyriste de
Constantin, l'ennemi violent des empereurs précédents, doit en être cru quand il les justifie. Voici ses
paroles [54] : « Les empereurs donnèrent longtemps aux
chrétiens de grandes marques de bienveillance; ils
leur confièrent des provinces; plusieurs chrétiens
demeurèrent dans le palais; ils épousèrent même des
chrétiennes. Dioclétien prit pour son épouse Prisca,
dont la fille fut femme de Maximien Galère, etc. »

Qu'on apprenne donc de ce témoignage décisif à ne
plus calomnier; qu'on juge si la persécution excitée
par Galère, après dix-neuf ans d'un règne de clémence
et de bienfaits, ne doit pas avoir sa source dans
quelque intrigue que nous ne connaissons pas.

Qu'on voie combien la fable de la légion thébaine ou
thébéenne, massacrée, dit-on, tout entière pour la
religion, est une fable absurde. Il est ridicule qu'on ait
fait venir cette légion d'Asie par le grand Saint-
Bernard; il est impossible qu'on l'eût appelée d'Asie
pour venir apaiser une sédition dans les Gaules, un an
après que cette sédition avait été réprimée; il n'est pas
moins impossible qu'on ait égorgé six mille hommes
d'infanterie et sept cents cavaliers dans un passage où
deux cents hommes pourraient arrêter une armée
entière. La relation de cette prétendue boucherie

commence par une imposture évidente : « Quand la
terre gémissait sous la tyrannie de Dioclétien, le ciel se
peuplait de martyrs. » Or cette aventure, comme on
l'a dit, est supposée en 286, temps où Dioclétien
favorisait le plus les chrétiens, et où l'empire romain
fut le plus heureux. Enfin ce qui devrait épargner
toutes ces discussions, c'est qu'il n'y eut jamais de
légion thébaine : les Romains étaient trop fiers et trop
sensés pour composer une légion de ces Égyptiens qui
ne servaient à Rome que d'esclaves, *Verna Canopi* :
c'est comme s'ils avaient eu une légion juive. Nous
avons les noms des trente-deux légions qui faisaient les
principales forces de l'empire romain ; assurément la
légion thébaine ne s'y trouve pas. Rangeons donc ce
conte avec les vers acrostiches des sibylles qui prédi-
saient les miracles de Jésus-Christ, et avec tant de
pièces supposées qu'un faux zèle prodigua pour
abuser la crédulité.

CHAPITRE X

Le mensonge en a trop longtemps imposé aux hommes ; il est temps qu'on connaisse le peu de vérités qu'on peut démêler à travers ces nuages de fables qui couvrent l'histoire romaine depuis Tacite et Suétone, et qui ont presque toujours enveloppé les annales des autres nations anciennes.

Comment peut-on croire, par exemple, que les Romains, ce peuple grave et sévère de qui nous tenons nos lois, aient condamné des vierges chrétiennes, des filles de qualité, à la prostitution ? C'est bien mal connaître l'austère dignité de nos législateurs, qui punissaient si sévèrement les faiblesses des vestales. Les *Actes sincères* de Ruinart rapportent ces turpitudes ; mais doit-on croire aux *Actes* de Ruinart comme aux *Actes des apôtres* ? Ces *Actes sincères* disent, après Bollandus, qu'il y avait dans la ville d'Ancyre sept vierges chrétiennes, d'environ soixante et dix ans chacune, que le gouverneur Théodecte les condamna à passer par les mains des jeunes gens de la ville ; mais que ces vierges ayant été épargnées, comme de raison, il les obligea de servir toutes nues aux mystères de Diane, auxquels pourtant on n'assista jamais qu'avec un voile. Saint Théodote, qui, à la vérité, était cabaretier, mais qui n'en était pas moins zélé, pria Dieu ardemment de vouloir bien faire mourir ces saintes filles, de peur qu'elles ne succombassent à la tentation. Dieu l'exauça ; le gouverneur les fit jeter dans un lac avec une pierre au cou : elles apparurent aussitôt à Théodote, et le prièrent de ne pas souffrir que leurs corps fussent mangés des poissons ; ce furent leurs propres paroles.

Le saint cabaretier et ses compagnons allèrent pendant la nuit au bord du lac gardé par des soldats ; un flambeau céleste marcha toujours devant eux, et quand ils furent au lieu où étaient les gardes, un cavalier céleste, armé de toutes pièces, poursuivit ces gardes la lance à la main. Saint Théodote retira du lac les corps des vierges : il fut mené devant le gouverneur, et le cavalier céleste n'empêcha pas qu'on ne lui tranchât la tête. Ne cessons de répéter que nous vénérons les vrais martyrs, mais qu'il est difficile de croire cette histoire de Bollandus et de Ruinart.

Faut-il rapporter ici le conte du jeune saint Romain ? On le jeta dans le feu, dit Eusèbe, et des Juifs qui étaient présents insultèrent à Jésus-Christ qui laissait brûler ses confesseurs, après que Dieu avait tiré Sidrach, Misach, et Abdenago, de la fournaise ardente[55]. A peine les Juifs eurent-ils parlé que saint Romain sortit triomphant du bûcher : l'empereur ordonna qu'on lui pardonnât, et dit au juge qu'il ne voulait rien avoir à démêler avec Dieu ; étranges paroles pour Dioclétien ! Le juge, malgré l'indulgence de l'empereur, commanda qu'on coupât la langue à saint Romain, et, quoiqu'il eût des bourreaux, il fit faire cette opération par un médecin. Le jeune Romain, né bègue, parla avec volubilité dès qu'il eut la langue coupée. Le médecin essuya une réprimande, et, pour montrer que l'opération était faite selon les règles de l'art, il prit un passant et lui coupa juste autant de langue qu'il en avait coupé à saint Romain, de quoi le passant mourut sur-le-champ : *car,* ajoute savamment l'auteur, *l'anatomie nous apprend qu'un homme sans langue ne saurait vivre.* En vérité, si Eusèbe a écrit de pareilles fadaises, si on ne les a point ajoutées à ses écrits, quel fond peut-on faire sur son *Histoire* ?

On nous donne le martyre de sainte Félicité et de ses sept enfants, envoyés, dit-on, à la mort par le sage et pieux Antonin, sans nommer l'auteur de la relation.

Il est bien vraisemblable que quelque auteur plus zélé que vrai a voulu imiter l'histoire des Maccabées. C'est ainsi que commence la relation : « Sainte Félicité était romaine, elle vivait sous le règne d'Antonin » ; il est clair, par ces paroles, que l'auteur n'était pas contemporain de sainte Félicité. Il dit que le préteur les jugea sur son tribunal dans le champ de Mars ; mais le préfet de Rome tenait son tribunal au Capitole, et non au champ de Mars, qui, après avoir servi à tenir les comices, servait alors aux revues des soldats, aux courses, aux jeux militaires : cela seul démontre la supposition.

Il est dit encore qu'après le jugement, l'empereur commit à différents juges le soin de faire exécuter l'arrêt : ce qui est entièrement contraire à toutes les formalités de ces temps-là et à celles de tous les temps.

Il y a de même un saint Hippolyte, que l'on suppose traîné par des chevaux, comme Hippolyte, fils de Thésée. Ce supplice ne fut jamais connu des anciens Romains, et la seule ressemblance du nom a fait inventer cette fable.

Observez encore que dans les relations des martyres, composées uniquement par les chrétiens mêmes, on voit presque toujours une foule de chrétiens venir librement dans la prison du condamné, le suivre au supplice, recueillir son sang, ensevelir son corps, faire des miracles avec les reliques. Si c'était la religion seule qu'on eût persécutée, n'aurait-on pas immolé ces chrétiens déclarés qui assistaient leurs frères condamnés, et qu'on accusait d'opérer des enchantements avec les restes des corps martyrisés ? Ne les aurait-on pas traités comme nous avons traité les vaudois, les albigeois, les hussites, les différentes sectes des protestants ? Nous les avons égorgés, brûlés en foule, sans distinction ni d'âge ni de sexe. Y a-t-il, dans les relations avérées des persécutions anciennes, un seul trait qui approche de la Saint-Barthélemy et des massacres d'Irlande ? Y en a-t-il un seul qui ressemble à la fête annuelle qu'on célèbre encore dans

Toulouse, fête cruelle, fête abolissable à jamais, dans laquelle un peuple entier remercie Dieu en procession, et se félicite d'avoir égorgé, il y a deux cents ans [56], quatre mille de ses concitoyens ?

Je le dis avec horreur, mais avec vérité : c'est nous, chrétiens, c'est nous qui avons été persécuteurs, bourreaux, assassins ! Et de qui ? de nos frères. C'est nous qui avons détruit cent villes, le crucifix ou la Bible à la main, et qui n'avons cessé de répandre le sang et d'allumer des bûchers, depuis le règne de Constantin jusqu'aux fureurs des cannibales qui habitaient les Cévennes : fureurs qui, grâces au ciel, ne subsistent plus aujourd'hui.

Nous envoyons encore quelquefois à la potence de pauvres gens du Poitou, du Vivarais, de Valence, de Montauban. Nous avons pendu, depuis 1745, huit personnages de ceux qu'on appelle *prédicants* ou *ministres de l'Évangile,* qui n'avaient d'autre crime que d'avoir prié Dieu pour le roi en patois, et d'avoir donné une goutte de vin et un morceau de pain levé à quelques paysans imbéciles. On ne sait rien de cela dans Paris, où le plaisir est la seule chose importante, où l'on ignore tout ce qui se passe en province et chez les étrangers. Ces procès se font en une heure, et plus vite qu'on ne juge un déserteur. Si le roi en était instruit, il ferait grâce.

On ne traite ainsi les prêtres catholiques en aucun pays protestant. Il y a plus de cent prêtres catholiques en Angleterre et en Irlande ; on les connaît, on les a laissés vivre très paisiblement dans la dernière guerre [57].

Serons-nous toujours les derniers à embrasser les opinions saines des autres nations ? Elles se sont corrigées : quand nous corrigerons-nous ? Il a fallu soixante ans pour nous faire adopter ce que Newton avait démontré [58] ; nous commençons à peine à oser sauver la vie à nos enfants par l'inoculation [59] ; nous ne pratiquons que depuis très peu de temps les vrais principes de l'agriculture ; quand commencerons-nous à pratiquer les vrais principes de l'humanité ? et de

quel front pouvons-nous reprocher aux païens d'avoir
fait des martyrs, tandis que nous avons été coupables
de la même cruauté dans les mêmes circonstances ?

Accordons que les Romains ont fait mourir une
multitude de chrétiens pour leur seule religion : en ce
cas, les Romains ont été très condamnables. Vou-
drions-nous commettre la même injustice ? Et quand
nous leur reprochons d'avoir persécuté, voudrions-
nous être persécuteurs ?

S'il se trouvait quelqu'un assez dépourvu de bonne
foi, ou assez fanatique, pour me dire ici : Pourquoi
venez-vous développer nos erreurs et nos fautes ?
pourquoi détruire nos faux miracles et nos fausses
légendes ? Elles sont l'aliment de la piété de plusieurs
personnes ; il y a des erreurs nécessaires ; n'arrachez
pas du corps un ulcère invétéré qui entraînerait avec
lui la destruction du corps, voici ce que je lui
répondrais.

Tous ces faux miracles par lesquels vous ébranlez la
foi qu'on doit aux véritables, toutes ces légendes
absurdes que vous ajoutez aux vérités de l'Évangile,
éteignent la religion dans les cœurs ; trop de personnes
qui veulent s'instruire, et qui n'ont pas le temps de
s'instruire assez, disent : Les maîtres de ma religion
m'ont trompé, il n'y a donc point de religion ; il vaut
mieux se jeter dans les bras de la nature que dans ceux
de l'erreur ; j'aime mieux dépendre de la loi naturelle
que des inventions des hommes. D'autres ont le
malheur d'aller encore plus loin : ils voient que
l'imposture leur a mis un frein, et ils ne veulent pas
même du frein de la vérité, ils penchent vers
l'athéisme ; on devient dépravé parce que d'autres ont
été fourbes et cruels.

Voilà certainement les conséquences de toutes les
fraudes pieuses et de toutes les superstitions. Les
hommes d'ordinaire ne raisonnent qu'à demi ; c'est un
très mauvais argument que de dire : Voragine, l'auteur de *La Légende dorée*, et le jésuite Ribadeneira,
compilateur de *La Fleur des saints*, n'ont dit que des
sottises : donc il n'y a point de Dieu ; les catholiques

ont égorgé un certain nombre de huguenots, et les
huguenots à leur tour ont assassiné un certain nombre
de catholiques : donc il n'y a point de Dieu ; on s'est
servi de la confession, de la communion, et de tous les
sacrements, pour commettre les crimes les plus horribles : donc il n'y a point de Dieu. Je conclurais au
contraire : donc il y a un Dieu qui, après cette vie
passagère, dans laquelle nous l'avons tant méconnu, et
tant commis de crimes en son nom, daignera nous
consoler de tant d'horribles malheurs : car, à considé-
rer les guerres de religion, les quarante schismes des
papes, qui ont presque tous été sanglants ; les impos-
tures, qui ont presque toutes été funestes ; les haines
irréconciliables allumées par les différentes opinions ;
à voir tous les maux qu'a produits le faux zèle, les
hommes ont eu longtemps leur enfer dans cette vie.

CHAPITRE XI

ABUS DE L'INTOLÉRANCE

Mais quoi ! sera-t-il permis à chaque citoyen de ne croire que sa raison, et de penser ce que cette raison éclairée ou trompée lui dictera ? Il le faut bien[60], pourvu qu'il ne trouble point l'ordre : car il ne dépend pas de l'homme de croire ou de ne pas croire, mais il dépend de lui de respecter les usages de sa patrie ; et si vous disiez que c'est un crime de ne pas croire à la religion dominante, vous accuseriez donc vous-même les premiers chrétiens vos pères, et vous justifieriez ceux que vous accusez de les avoir livrés aux supplices.

Vous répondez que la différence est grande, que toutes les religions sont les ouvrages des hommes, et que l'Église catholique, apostolique et romaine, est seule l'ouvrage de Dieu. Mais en bonne foi, parce que notre religion est divine doit-elle régner par la haine, par les fureurs, par les exils, par l'enlèvement des biens, les prisons, les tortures, les meurtres, et par les actions de grâces rendues à Dieu pour ces meurtres ? Plus la religion chrétienne est divine, moins il appartient à l'homme de la commander ; si Dieu l'a faite, Dieu la soutiendra sans vous. Vous savez que l'intolérance ne produit que des hypocrites ou des rebelles : quelle funeste alternative ! Enfin voudriez-vous soutenir par des bourreaux la religion d'un Dieu que des bourreaux ont fait périr, et qui n'a prêché que la douceur et la patience ?

Voyez, je vous prie, les conséquences affreuses du droit de l'intolérance. S'il était permis de dépouiller de ses biens, de jeter dans les cachots, de tuer un citoyen qui, sous un tel degré de latitude, ne professerait pas la religion admise sous ce degré, quelle exception exempterait les premiers de l'État des mêmes peines ? La religion lie également le monarque et les mendiants : aussi plus de cinquante docteurs ou moines ont affirmé cette horreur monstrueuse qu'il était permis de déposer, de tuer les souverains qui ne penseraient pas comme l'Église dominante ; et les parlements du royaume n'ont cessé de proscrire ces abominables décisions d'abominables théologiens [61].

Le sang de Henri le Grand fumait encore quand le parlement de Paris donna un arrêt qui établissait l'indépendance de la couronne comme une loi fondamentale. Le cardinal Duperron, qui devait la pourpre à Henri le Grand, s'éleva, dans les états de 1614, contre l'arrêt du parlement, et le fit supprimer. Tous les journaux du temps rapportent les termes dont Duperron se servit dans ses harangues : « Si un prince se faisait arien, dit-il, on serait bien obligé de le déposer. »

Non assurément, monsieur le cardinal. On veut bien adopter votre supposition chimérique qu'un de nos rois, ayant lu l'histoire des conciles et des pères, frappé d'ailleurs de ces paroles : *Mon père est plus grand que moi* [62], les prenant trop à la lettre et balançant entre le concile de Nicée et celui de Constantinople, se déclarât pour Eusèbe de Nicomédie : je n'en obéirai pas moins à mon roi, je ne me croirai pas moins lié par le serment que je lui ai fait ; et si vous osiez vous soulever contre lui, et que je fusse un de vos juges, je vous déclarerais criminel de lèse-majesté.

Duperron poussa plus loin la dispute, et je l'abrège. Ce n'est pas ici le lieu d'approfondir ces chimères révoltantes ; je me bornerai à dire, avec tous les citoyens, que ce n'est point parce que Henri IV fut sacré à Chartres qu'on lui devait obéissance, mais parce que le droit incontestable de la naissance donnait la couronne à ce prince, qui la méritait par son courage et par sa bonté.

Qu'il soit donc permis de dire que tout citoyen doit hériter, par le même droit, des biens de son père, et qu'on ne voit pas qu'il mérite d'en être privé, et d'être traîné au gibet, parce qu'il sera du sentiment de Ratram contre Paschase Ratbert, et de Bérenger contre Scot.

On sait que tous nos dogmes n'ont pas toujours été clairement expliqués et universellement reçus dans notre Église. Jésus-Christ ne nous ayant point dit comment procédait le Saint-Esprit, l'Église latine crut longtemps avec la grecque qu'il ne procédait que du Père : enfin elle ajouta au symbole qu'il procédait aussi du Fils. Je demande si, le lendemain de cette décision, un citoyen qui s'en serait tenu au symbole de la veille eût été digne de mort ? La cruauté, l'injustice, seraient-elles moins grandes de punir aujourd'hui celui qui penserait comme on pensait autrefois ? Était-on coupable, du temps d'Honorius Ier, de croire que Jésus n'avait pas deux volontés ?

Il n'y a pas longtemps que l'immaculée conception est établie : les dominicains n'y croient pas encore. Dans quel temps les dominicains commenceront-ils à mériter des peines dans ce monde et dans l'autre ?

Si nous devons apprendre de quelqu'un à nous conduire dans nos disputes interminables, c'est certainement des apôtres et des évangélistes. Il y avait de quoi exciter un schisme violent entre saint Paul et saint Pierre. Paul dit expressément dans son *Épître aux Galates* [63] qu'il résista en face à Pierre parce que Pierre était répréhensible, parce qu'il usait de dissimulation aussi bien que Barnabé, parce qu'ils mangeaient avec les Gentils avant l'arrivée de Jacques, et qu'ensuite ils se retirèrent secrètement, et se séparèrent des Gentils de peur d'offenser les circoncis. « Je vis, ajoute-t-il, qu'ils ne marchaient pas droit selon l'Évangile ; je dis à Céphas : Si vous, Juif, vivez

comme les Gentils, et non comme les Juifs, pourquoi
obligez-vous les Gentils à judaïser ? »

C'était là un sujet de querelle violente. Il s'agissait
de savoir si les nouveaux chrétiens judaïseraient ou
non. Saint Paul alla dans ce temps-là même sacrifier
dans le temple de Jérusalem. On sait que les quinze
premiers évêques de Jérusalem furent des Juifs circoncis, qui observèrent le sabbat, et qui s'abstinrent des
viandes défendues. Un évêque espagnol ou portugais
qui se ferait circoncire, et qui observerait le sabbat,
serait brûlé dans un *autodafé*. Cependant la paix ne fut
altérée, pour cet objet fondamental, ni parmi les
apôtres, ni parmi les premiers chrétiens.

Si les évangélistes avaient ressemblé aux écrivains
modernes, ils avaient un champ bien vaste pour
combattre les uns contre les autres. Saint Matthieu [64]
compte vingt-huit générations depuis David jusqu'à
Jésus ; saint Luc [65] en compte quarante et une, et ces
générations sont absolument différentes. On ne voit
pourtant nulle dissension s'élever entre les disciples
sur ces contrariétés apparentes, très bien conciliées
par plusieurs Pères de l'Église. La charité ne fut point
blessée, la paix fut conservée. Quelle plus grande
leçon de nous tolérer dans nos disputes, et de nous
humilier dans tout ce que nous n'entendons pas !

Saint Paul, dans son *Épître* à quelques juifs de
Rome convertis au christianisme, emploie toute la fin
du troisième chapitre à dire que la seule foi glorifie, et
que les œuvres ne justifient personne. Saint Jacques,
au contraire, dans son *Épître* aux douze tribus disper-
sées par toute la terre, chapitre II, ne cesse de dire
qu'on ne peut être sauvé sans les œuvres. Voilà ce qui
a séparé deux grandes communions parmi nous [66], et
ce qui ne divisa point les apôtres.

Si la persécution contre ceux avec qui nous disputons était une action sainte, il faut avouer que celui qui
aurait fait tuer le plus d'hérétiques serait le plus grand
saint du paradis. Quelle figure y ferait un homme qui
se serait contenté de dépouiller ses frères, et de les
plonger dans des cachots, auprès d'un zélé qui en

aurait massacré des centaines le jour de la Saint-Barthélemy ? En voici la preuve.

Le successeur de saint Pierre et son consistoire ne peuvent errer ; ils approuvèrent, célébrèrent, consacrèrent, l'action de la Saint-Barthélemy : donc cette action était très sainte ; donc de deux assassins égaux en piété, celui qui aurait éventré vingt-quatre femmes grosses huguenotes doit être élevé en gloire du double de celui qui n'en aura éventré que douze. Par la même raison, les fanatiques des Cévennes devaient croire qu'ils seraient élevés en gloire à proportion du nombre des prêtres, des religieux, et des femmes catholiques qu'ils auraient égorgés. Ce sont là d'étranges titres pour la gloire éternelle.

CHAPITRE XII

SI L'INTOLÉRANCE FUT DE DROIT DIVIN DANS LE JUDAÏSME, ET SI ELLE FUT TOUJOURS MISE EN PRATIQUE

On appelle, je crois, *droit divin* les préceptes que Dieu a donnés lui-même. Il voulut que les Juifs mangeassent un agneau cuit avec des laitues[67], et que les convives le mangeassent debout, un bâton à la main[68], en commémoration du *Phasé*[69] ; il ordonna que la consécration du grand prêtre se ferait en mettant du sang[70] à son oreille droite, à sa main droite et à son pied droit, coutumes extraordinaires pour nous, mais non pas pour l'Antiquité ; il voulut qu'on chargeât le bouc *Hazazel* des iniquités du peuple[71] ; il défendit qu'on se nourrît[72] de poissons sans écailles, de porcs, de lièvres, de hérissons, de hiboux, de griffons, d'ixions, etc.

Il institua les fêtes, les cérémonies. Toutes ces choses, qui semblaient arbitraires aux autres nations, et soumises au droit positif, à l'usage, étant commandées par Dieu même, devenaient un droit divin pour les Juifs, comme tout ce que Jésus-Christ, fils de Marie, fils de Dieu, nous a commandé, est de droit divin pour nous.

Gardons-nous de rechercher ici pourquoi Dieu a substitué une loi nouvelle à celle qu'il avait donnée à Moïse, et pourquoi il avait commandé à Moïse plus de choses qu'au patriarche Abraham, et plus à Abraham qu'à Noé[73]. Il semble qu'il daigne se proportionner aux temps et à la population du genre humain : c'est une gradation paternelle ; mais ces abîmes sont trop

profonds pour notre débile vue. Tenons-nous dans les
bornes de notre sujet; voyons d'abord ce qu'était
l'intolérance chez les Juifs.

Il est vrai que, dans l'*Exode*, les *Nombres*, le
Lévitique, le *Deutéronome*, il y a des lois très sévères sur
le culte, et des châtiments plus sévères encore.
Plusieurs commentateurs ont de la peine à concilier les
récits de Moïse avec les passages de Jérémie et
d'Amos, et avec le célèbre discours de saint Étienne,
rapporté dans les *Actes des apôtres*. Amos dit [74] que les
Juifs adorèrent toujours dans le désert Moloch, Rem-
pham, et Kium. Jérémie dit expressément [75] que Dieu
ne demanda aucun sacrifice à leurs pères quand ils
sortirent d'Égypte. Saint Étienne, dans son discours
aux Juifs, s'exprime ainsi : « Ils adorèrent l'armée du
ciel [76] ; ils n'offrirent ni sacrifices ni hosties dans le
désert pendant quarante ans ; ils portèrent le tabernacle du dieu Moloch, et l'astre de leur dieu Rem-
pham. »

D'autres critiques infèrent du culte de tant de dieux
étrangers que ces dieux furent tolérés par Moïse, et ils
citent en preuves ces paroles du *Deutéronome* [77] :
« Quand vous serez dans la terre de Chanaan, vous ne
ferez point comme nous faisons aujourd'hui, où
chacun fait ce qui lui semble bon [78]. »

Ils appuient leur sentiment sur ce qu'il n'est parlé
d'aucun acte religieux du peuple dans le désert : point
de pâque célébrée, point de pentecôte, nulle mention
qu'on ait célébré la fête des tabernacles, nulle prière
publique établie ; enfin la circoncision, ce sceau de
l'alliance de Dieu avec Abraham, ne fut point pratiquée.

Ils se prévalent encore de l'histoire de Josué. Ce
conquérant dit aux Juifs [79] : « L'option vous est
donnée : choisissez quel parti il vous plaira, ou
d'adorer les dieux que vous avez servis dans le pays
des Amorrhéens, ou ceux que vous avez reconnus en
Mésopotamie. » Le peuple répond : « Il n'en sera pas
ainsi, nous servirons Adonaï. » Josué leur répliqua :
« Vous avez choisi vous-mêmes ; ôtez donc du milieu

de vous les dieux étrangers. » Ils avaient donc eu incontestablement d'autres dieux qu'Adonaï sous Moïse.

Il est très inutile de réfuter ici les critiques qui pensent que le *Pentateuque* ne fut pas écrit par Moïse ; tout a été dit dès longtemps sur cette matière ; et quand même quelque petite partie des livres de Moïse aurait été écrite du temps des juges ou des pontifes, ils n'en seraient pas moins inspirés et moins divins.

C'est assez, ce me semble, qu'il soit prouvé par la sainte Écriture que, malgré la punition extraordinaire attirée aux Juifs par le culte d'Apis, ils conservèrent longtemps une liberté entière : peut-être même que le massacre que fit Moïse de vingt-trois mille hommes pour le veau érigé par son frère lui fit comprendre qu'on ne gagnait rien par la rigueur, et qu'il fut obligé de fermer les yeux sur la passion du peuple pour les dieux étrangers.

[80] Lui-même semble bientôt transgresser la loi qu'il a donnée. Il a défendu tout simulacre, cependant il érige un serpent d'airain. La même exception à la loi se trouve depuis dans le temple de Salomon : ce prince fait sculpter [81] douze bœufs qui soutiennent le grand bassin du temple ; des chérubins sont posés dans l'arche ; ils ont une tête d'aigle et une tête de veau ; et c'est apparemment cette tête de veau mal faite, trouvée dans le temple par des soldats romains, qui fit croire longtemps que les Juifs adoraient un âne.

En vain le culte des dieux étrangers est défendu ; Salomon est paisiblement idolâtre. Jéroboam, à qui Dieu donna dix parts du royaume [82], fait ériger deux veaux d'or, et règne vingt-deux ans, en réunissant en lui les dignités de monarque et de pontife. Le petit royaume de Juda dresse sous Roboam [83] des autels étrangers et des statues. Le saint roi Asa ne détruit point les hauts lieux [84]. Le grand prêtre Urias érige dans le temple, à la place de l'autel des holocaustes, un autel du roi de Syrie [85]. On ne voit, en un mot, aucune contrainte sur la religion. Je sais que la plupart des rois juifs s'exterminèrent, s'assassinèrent les uns les autres ; mais ce fut toujours pour leur intérêt, et non pour leur croyance.

[86] Il est vrai que parmi les prophètes il y en eut qui intéressèrent le ciel à leur vengeance : Élie fit descendre le feu céleste pour consumer les prêtres de Baal ; Élisée fit venir des ours [87] pour dévorer quarante-deux petits enfants qui l'avaient appelé *tête chauve* ; mais ce sont des miracles rares, et des faits qu'il serait un peu dur de vouloir imiter.

On nous objecte encore que le peuple juif fut très ignorant et très barbare. Il est dit [88] que, dans la guerre qu'il fit aux Madianites [89], Moïse ordonna de tuer tous les enfants mâles et toutes les mères, et de partager le butin. Les vainqueurs trouvèrent dans le camp [90] 675 000 brebis, 72 000 bœufs, 61 000 ânes, et 32 000 jeunes filles ; ils en firent le partage, et tuèrent tout le reste. Plusieurs commentateurs même prétendent que trente-deux filles furent immolées au Seigneur : « Cesserunt in partem Domini triginta duæ animæ [91]. »

En effet, les Juifs immolaient des hommes à la Divinité, témoin le sacrifice de Jephté [92], témoin le roi Agag [93] coupé en morceaux par le prêtre Samuel. Ézéchiel même leur promet [94], pour les encourager, qu'ils mangeront de la chair humaine : « Vous mangerez, dit-il, le cheval et le cavalier ; vous boirez le sang des princes. » Plusieurs commentateurs appliquent deux versets de cette prophétie aux Juifs mêmes, et les autres aux animaux carnassiers. On ne trouve, dans toute l'histoire de ce peuple, aucun trait de générosité, de magnanimité, de bienfaisance ; mais il s'échappe toujours, dans le nuage de cette barbarie si longue et si affreuse, des rayons d'une tolérance universelle.

Jephté, inspiré de Dieu, et qui lui immola sa fille, dit aux Ammonites [95] : « Ce que votre dieu Chamos vous a donné ne vous appartient-il pas de droit ? Souffrez donc que nous prenions la terre que notre Dieu nous a promise. » Cette déclaration est précise : elle peut mener bien loin ; mais au moins elle est une preuve évidente que Dieu tolérait Chamos. Car la sainte Écriture ne dit pas : Vous pensez avoir droit sur les terres que vous dites vous avoir été données par le dieu Chamos ; elle dit positivement : « Vous avez droit, *tibi jure debentur* » ; ce qui est le vrai sens de ces paroles hébraïques : *Otho thirasch.*

L'histoire de Michas et du lévite, rapportée aux xviie et xviiie chapitres du livre des Juges est bien encore une preuve incontestable de la tolérance et de la liberté la plus grande, admise alors chez les Juifs. La mère de Michas, femme fort riche d'Éphraïm, avait perdu onze cents pièces d'argent ; son fils les lui rendit : elle voua cet argent au Seigneur, et en fit faire des idoles ; elle bâtit une petite chapelle. Un lévite desservit la chapelle, moyennant dix pièces d'argent, une tunique, un manteau par année, et sa nourriture ; et Michas s'écria [96] : « C'est maintenant que Dieu me fera du bien, puisque j'ai chez moi un prêtre de la race de Lévi. »

Cependant six cents hommes de la tribu de Dan, qui cherchaient à s'emparer de quelque village dans le pays, et à s'y établir, mais n'ayant point de prêtre lévite avec eux, et en ayant besoin pour que Dieu favorisât leur entreprise, allèrent chez Michas, et prirent son éphod, ses idoles, et son lévite, malgré les remontrances de ce prêtre, et malgré les cris de Michas et de sa mère. Alors ils allèrent avec assurance attaquer le village nommé Laïs, et y mirent tout à feu et à sang selon leur coutume. Ils donnèrent le nom de Dan à Laïs, en mémoire de leur victoire ; ils placèrent l'idole de Michas sur un autel ; et, ce qui est bien plus remarquable, Jonathan, petit-fils de Moïse, fut le grand prêtre de ce temple, où l'on adorait le Dieu d'Israël et l'idole de Michas.

Après la mort de Gédéon, les Hébreux adorèrent Baal-bérith pendant près de vingt ans, et renoncèrent au culte d'Adonaï, sans qu'aucun chef, aucun juge, aucun prêtre, criât vengeance. Leur crime était grand, je l'avoue ; mais si cette idolâtrie même fut tolérée, combien les différences dans le vrai culte ont-elles dû l'être !

Quelques-uns donnent pour une preuve d'intolérance que le Seigneur lui-même ayant permis que son arche fût prise par les Philistins dans un combat, il ne punit les Philistins qu'en les frappant d'une maladie secrète ressemblant aux hémorroïdes, en renversant la statue de Dagon, et en envoyant une multitude de rats dans leurs campagnes ; mais, lorsque les Philistins, pour apaiser sa colère, eurent renvoyé l'arche attelée de deux vaches qui nourrissaient leurs veaux, et offert à Dieu cinq rats d'or, et cinq anus d'or, le Seigneur fit mourir soixante et dix anciens d'Israël et cinquante mille hommes du peuple pour avoir regardé l'arche. On répond que le châtiment du Seigneur ne tombe point sur une croyance, sur une différence dans le culte, ni sur aucune idolâtrie.

Si le Seigneur avait voulu punir l'idolâtrie, il aurait fait périr tous les Philistins qui osèrent prendre son arche, et qui adoraient Dagon ; mais il fit périr cinquante mille soixante et dix hommes de son peuple, uniquement parce qu'ils avaient regardé son arche, qu'ils ne devaient pas regarder : tant les lois, les mœurs de ce temps, l'économie judaïque, diffèrent de tout ce que nous connaissons ; tant les voies inscrutables de Dieu sont au-dessus des nôtres. « La rigueur exercée, dit le judicieux dom Calmet, contre ce grand nombre d'hommes ne paraîtra excessive qu'à ceux qui n'ont pas compris jusqu'à quel point Dieu voulait être craint et respecté parmi son peuple, et qui ne jugent des vues et des desseins de Dieu qu'en suivant les faibles lumières de leur raison. »

Dieu ne punit donc pas un culte étranger, mais une profanation du sien, une curiosité indiscrète, une désobéissance, peut-être même un esprit de révolte. On sent bien que de tels châtiments n'appartiennent qu'à Dieu dans la théocratie judaïque. On ne peut trop redire que ces temps et ces mœurs n'ont aucun rapport aux nôtres.

Enfin lorsque, dans les siècles postérieurs, Naaman l'idolâtre demanda à Élisée s'il lui était permis de suivre son roi[97] dans le temple de Remnon, *et d'y adorer avec lui*, ce même Élisée, qui avait fait dévorer les enfants par les ours, ne lui répondit-il pas : *Allez en paix ?*

Il y a bien plus ; le Seigneur ordonna à Jérémie de se mettre des cordes au cou, des colliers[98], et des jougs, de les envoyer aux roitelets ou melchim de Moab, d'Ammon, d'Édom, de Tyr, de Sidon ; et Jérémie leur fait dire par le Seigneur : « J'ai donné toutes vos terres à Nabuchodonosor, roi de Babylone, mon serviteur[99]. » Voilà un roi idolâtre déclaré serviteur de Dieu et son favori.

Le même Jérémie, que le melk ou roitelet juif Sédécias avait fait mettre au cachot, ayant obtenu son pardon de Sédécias, lui conseille, de la part de Dieu, de se rendre au roi de Babylone[100] : « Si vous allez vous rendre à ses officiers, dit-il, votre âme vivra. » Dieu prend donc enfin le parti d'un roi idolâtre ; il lui livre l'arche, dont la seule vue avait coûté la vie à cinquante mille soixante et dix Juifs ; il lui livre le Saint des saints, et le reste du temple, qui avait coûté à bâtir cent huit mille talents d'or, un million dix-sept mille talents en argent, et dix mille drachmes d'or, laissés par David et ses officiers pour la construction de la maison du Seigneur : ce qui, sans compter les deniers employés par Salomon, monte à la somme de dix-neuf milliards soixante-deux millions, ou environ, au cours de ce jour. Jamais idolâtrie ne fut plus récompensée. Je sais que ce compte est exagéré, qu'il y a probablement erreur de copiste ; mais réduisez la somme à la moitié, au quart, au huitième même, elle vous étonnera encore. On n'est guère moins surpris des richesses qu'Hérodote dit avoir vues dans le temple d'Éphèse. Enfin les trésors ne sont rien aux yeux de Dieu, et le nom de son serviteur, donné à Nabuchodonosor, est le vrai trésor inestimable.

[101] Dieu ne favorise pas moins le *Kir*, ou *Koresh*, ou *Kosroès*, que nous appelons *Cyrus ;* il l'appelle *son christ, son oint*, quoiqu'il ne fût pas oint, selon la signification commune de ce mot, et qu'il suivît la religion de Zoroastre ; il l'appelle *son pasteur*, quoiqu'il

fût usurpateur aux yeux des hommes : il n'y a pas dans toute la sainte Écriture une plus grande marque de prédilection.

Vous voyez dans Malachie [102] que « du levant au couchant le nom de Dieu est grand dans les nations, et qu'on lui offre partout des oblations pures ». Dieu a soin des Ninivites idolâtres comme des Juifs ; il les menace, et il leur pardonne. Melchisédech, qui n'était point juif, était sacrificateur de Dieu. Balaam, idolâtre, était prophète. L'Écriture nous apprend donc que non seulement Dieu tolérait tous les autres peuples, mais qu'il en avait un soin paternel : et nous osons être intolérants !

CHAPITRE XIII

Ainsi donc, sous Moïse, sous les juges, sous les rois, vous voyez toujours des exemples de tolérance. Il y a bien plus [103] : Moïse dit plusieurs fois que « Dieu punit les pères dans les enfants jusqu'à la quatrième génération » ; cette menace était nécessaire à un peuple à qui Dieu n'avait révélé ni l'immortalité de l'âme, ni les peines et les récompenses dans une autre vie. Ces vérités ne lui furent annoncées ni dans le *Décalogue,* ni dans aucune loi du *Lévitique* et du *Deutéronome.* C'étaient les dogmes des Perses, des Babyloniens, des Égyptiens, des Grecs, des Crétois ; mais ils ne constituaient nullement la religion des Juifs. Moïse ne dit point : « Honore ton père et ta mère, si tu veux aller au ciel » ; mais : « Honore ton père et ta mère, afin de vivre longtemps sur la terre. [104] » Il ne les menace que de maux corporels [105], de la gale sèche, de la gale purulente, d'ulcères malins dans les genoux et dans le gras des jambes, d'être exposés aux infidélités de leurs femmes, d'emprunter à usure des étrangers, et de ne pouvoir prêter à usure ; de périr de famine, et d'être obligés de manger leurs enfants ; mais en aucun lieu il ne leur dit que leurs âmes immortelles subiront des tourments après la mort, ou goûteront des félicités. Dieu, qui conduisait lui-même son peuple, le punissait ou le récompensait immédiatement après ses bonnes ou ses mauvaises actions. Tout était temporel, et c'est une vérité dont

Warburton abuse pour prouver que la loi des Juifs était divine [106] : parce que Dieu même étant leur roi, rendant justice immédiatement après la transgression ou l'obéissance, n'avait pas besoin de leur révéler une doctrine qu'il réservait au temps où il ne gouvernerait plus son peuple. Ceux qui, par ignorance, prétendent que Moïse enseignait l'immortalité de l'âme, ôtent au Nouveau Testament un de ses plus grands avantages sur l'Ancien. Il est constant que la loi de Moïse n'annonçait que des châtiments temporels jusqu'à la quatrième génération. Cependant, malgré l'énoncé précis de cette loi, malgré cette déclaration expresse de Dieu qu'il punirait jusqu'à la quatrième génération, Ézéchiel annonce tout le contraire aux Juifs, et leur dit [107] que le fils ne portera point l'iniquité de son père ; il va même jusqu'à faire dire à Dieu qu'il leur avait donné [108] « des préceptes qui n'étaient pas bons [109] ».

Le livre d'Ézéchiel n'en fut pas moins inséré dans le canon des auteurs inspirés de Dieu : il est vrai que la synagogue n'en permettait pas la lecture avant l'âge de trente ans, comme nous l'apprend saint Jérôme ; mais c'était de peur que la jeunesse n'abusât des peintures trop naïves qu'on trouve dans les chapitres XVI et XXIII du libertinage des deux sœurs Oolla et Ooliba. En un mot, son livre fut toujours reçu, malgré sa contradiction formelle avec Moïse.

Enfin [110], lorsque l'immortalité de l'âme fut un dogme reçu, ce qui probablement avait commencé dès le temps de la captivité de Babylone, la secte des saducéens persista toujours à croire qu'il n'y avait ni peines ni récompenses après la mort, et que la faculté de sentir et de penser périssait avec nous, comme la force active, le pouvoir de marcher et de digérer. Ils niaient l'existence des anges. Ils différaient beaucoup plus des autres Juifs que les protestants ne diffèrent des catholiques ; ils n'en demeurèrent pas moins dans la communion de leurs frères : on vit même des grands prêtres de leur secte.

Les pharisiens croyaient à la fatalité [111] et à la

métempsycose[112]. Les esséniens pensaient que les
âmes des justes allaient dans les îles fortunées[113], et
celles des méchants dans une espèce de Tartare. Ils ne
faisaient point de sacrifices ; ils s'assemblaient entre
eux dans une synagogue particulière. En un mot, si
l'on veut examiner de près le judaïsme, on sera étonné
de trouver la plus grande tolérance au milieu des
horreurs les plus barbares. C'est une contradiction, il
est vrai ; presque tous les peuples se sont gouvernés
par des contradictions. Heureuse celle qui amène des
mœurs douces quand on a des lois de sang !

CHAPITRE XIV

SI L'INTOLÉRANCE
A ÉTÉ ENSEIGNÉE PAR JÉSUS-CHRIST

Voyons maintenant si Jésus-Christ a établi des lois sanguinaires, s'il a ordonné l'intolérance, s'il fit bâtir les cachots de l'Inquisition, s'il institua les bourreaux des *autodafé*.

Il n'y a, si je ne me trompe, que peu de passages dans les Évangiles dont l'esprit persécuteur ait pu inférer que l'intolérance, la contrainte, sont légitimes. L'un est la parabole dans laquelle le royaume des cieux est comparé à un roi qui invite des convives aux noces de son fils ; ce monarque leur fait dire par ses serviteurs [114] : « J'ai tué mes bœufs et mes volailles ; tout est prêt, venez aux noces. » Les uns, sans se soucier de l'invitation, vont à leurs maisons de campagne, les autres à leur négoce ; d'autres outragent les domestiques du roi, et les tuent. Le roi fait marcher ses armées contre ces meurtriers, et détruit leur ville ; il envoie sur les grands chemins convier au festin tous ceux qu'on trouve : un d'eux s'étant mis à table sans avoir mis la robe nuptiale est chargé de fers, et jeté dans les ténèbres extérieures.

Il est clair que cette allégorie ne regardant que le royaume des cieux, nul homme assurément ne doit en prendre le droit de garrotter ou de mettre au cachot son voisin qui serait venu souper chez lui sans avoir un habit de noces convenable, et je ne connais dans l'histoire aucun prince qui ait fait pendre un courtisan pour un pareil sujet ; il n'est pas non plus à craindre que, quand l'empereur, ayant tué ses volailles, enverra ses pages à des princes de l'empire pour les prier à souper, ces princes tuent ces pages. L'invitation au festin signifie la prédication du salut ; le meurtre des envoyés du prince figure la persécution contre ceux qui prêchent la sagesse et la vertu.

L'autre [115] parabole est celle d'un particulier qui invite ses amis à un grand souper, et lorsqu'il est prêt de se mettre à table, il envoie son domestique les avertir. L'un s'excuse sur ce qu'il a acheté une terre, et qu'il va la visiter : cette excuse ne paraît pas valable, ce n'est pas pendant la nuit qu'on va voir sa terre ; un autre dit qu'il a acheté cinq paires de bœufs, et qu'il les doit éprouver : il a le même tort que l'autre, on n'essaye pas des bœufs à l'heure du souper ; un troisième répond qu'il vient de se marier, et assurément son excuse est très recevable. Le père de famille, en colère, fait venir à son festin les aveugles et les boiteux, et, voyant qu'il reste encore des places vides, il dit à son valet [116] : « Allez dans les grands chemins et le long des haies, et contraignez les gens d'entrer. »

Il est vrai qu'il n'est pas dit expressément que cette parabole soit une figure du royaume des cieux. On n'a que trop abusé de ces paroles : *Contrains-les d'entrer ;* mais il est visible qu'un seul valet ne peut contraindre par la force tous les gens qu'il rencontre à venir souper chez son maître ; et d'ailleurs, des convives ainsi forcés ne rendraient pas le repas fort agréable. *Contrains-les d'entrer* ne veut dire autre chose, selon les commentateurs les plus accrédités, sinon : priez, conjurez, pressez, obtenez. Quel rapport, je vous prie, de cette prière et de ce souper à la persécution ?

Si on prend les choses à la lettre, faudra-t-il être aveugle, boiteux, et conduit par force, pour être dans le sein de l'Église ? Jésus dit dans la même parabole [117] : « Ne donnez à dîner ni à vos amis ni à vos parents riches » ; en a-t-on jamais inféré qu'on ne dût point en effet dîner avec ses parents et ses amis dès qu'ils ont un peu de fortune ?

Jésus-Christ, après la parabole du festin, dit [118] :

« Si quelqu'un vient à moi, et ne hait pas son père, sa
mère, ses frères, ses sœurs, et même sa propre âme, il
ne peut être mon disciple, etc. Car qui est celui d'entre
vous qui, voulant bâtir une tour, ne suppute pas
auparavant la dépense ? » Y a-t-il quelqu'un, dans le
monde, assez dénaturé pour conclure qu'il faut haïr
son père et sa mère ? Et ne comprend-on pas aisément
que ces paroles signifient : Ne balancez pas entre moi
et vos plus chères affections ?

On cite le passage de saint Matthieu [119] : « Qui
n'écoute point l'Église soit comme un païen et comme
un receveur de la douane » ; cela ne dit pas absolument qu'on doive persécuter les païens et les fermiers
des droits du roi : ils sont maudits, il est vrai, mais ils
ne sont point livrés au bras séculier. Loin d'ôter à ces
fermiers aucune prérogative de citoyen, on leur a
donné les plus grands privilèges ; c'est la seule profession qui soit condamnée dans l'Écriture, et c'est la
plus favorisée par les gouvernements. Pourquoi donc
n'aurions-nous pas pour nos frères errants autant
d'indulgence que nous prodiguons de considération à
nos frères les traitants ?

Un autre passage dont on a fait un abus grossier est
celui de saint Matthieu [120] et de saint Marc [121], où il est
dit que Jésus, ayant faim le matin, approcha d'un
figuier où il ne trouva que des feuilles, car ce n'était
pas le temps des figues : il maudit le figuier, qui se
sécha aussitôt.

On donne plusieurs explications différentes de ce
miracle ; mais y en a-t-il une seule qui puisse autoriser
la persécution ? Un figuier n'a pu donner des figues
vers le commencement de mars, on l'a séché : est-ce
une raison pour faire sécher nos frères de douleur dans
tous les temps de l'année ? Respectons dans l'Écriture
tout ce qui peut faire naître des difficultés dans nos
esprits curieux et vains, mais n'en abusons pas pour
être durs et implacables.

L'esprit persécuteur, qui abuse de tout, cherche
encore sa justification dans l'expulsion des marchands
chassés du temple, et dans la légion de démons

envoyée du corps d'un possédé dans le corps de deux mille animaux immondes. Mais qui ne voit que ces deux exemples ne sont autre chose qu'une justice que Dieu daigne faire lui-même d'une contravention à la loi ? C'était manquer de respect à la maison du Seigneur que de changer son parvis en une boutique de marchands. En vain le sanhédrin et les prêtres permettaient ce négoce pour la commodité des sacrifices : le Dieu auquel on sacrifiait pouvait sans doute, quoique caché sous la figure humaine, détruire cette profanation ; il pouvait de même punir ceux qui introduisaient dans le pays des troupeaux entiers défendus par une loi dont il daignait lui-même être l'observateur. Ces exemples n'ont pas le moindre rapport aux persécutions sur le dogme. Il faut que l'esprit d'intolérance soit appuyé sur de bien mauvaises raisons, puisqu'il cherche partout les plus vains prétextes.

Presque tout le reste des paroles et des actions de Jésus-Christ prêche la douceur, la patience, l'indulgence. C'est le père de famille qui reçoit l'enfant prodigue [122] ; c'est l'ouvrier qui vient à la dernière heure [123], et qui est payé comme les autres ; c'est le samaritain charitable [124] ; lui-même justifie ses disciples de ne pas jeûner [125] ; il pardonne à la pécheresse [126] ; il se contente de recommander la fidélité à la femme adultère [127] ; il daigne même condescendre à l'innocente joie des convives de Cana [128], qui, étant déjà échauffés de vin, en demandant encore : il veut bien faire un miracle en leur faveur, il change pour eux l'eau en vin.

Il n'éclate pas même contre Judas, qui doit le trahir ; il ordonne à Pierre de ne se jamais servir de l'épée [129] ; il réprimande [130] les enfants de Zébédée, qui, à l'exemple d'Élie, voulaient faire descendre le feu du ciel sur une ville qui n'avait pas voulu le loger.

Enfin il meurt victime de l'envie. Si l'on ose comparer le sacré avec le profane, et un Dieu avec un homme, sa mort, humainement parlant, a beaucoup de rapport avec celle de Socrate. Le philosophe grec périt par la haine des sophistes, des prêtres, et des premiers du peuple : le législateur des chrétiens succomba sous la haine des scribes, des pharisiens, et des prêtres. Socrate pouvait éviter la mort, et il ne le voulut pas : Jésus-Christ s'offrit volontairement. Le philosophe grec pardonna non seulement à ses calomniateurs et à ses juges iniques, mais il les pria de traiter un jour ses enfants comme lui-même, s'ils étaient assez heureux pour mériter leur haine comme lui : le législateur des chrétiens, infiniment supérieur, pria son père de pardonner à ses ennemis [131].

Si Jésus-Christ sembla craindre la mort, si l'angoisse qu'il ressentit fut si extrême qu'il en eut une sueur mêlée de sang [132], ce qui est le symptôme le plus violent et le plus rare, c'est qu'il daigna s'abaisser à toute la faiblesse du corps humain, qu'il avait revêtu. Son corps tremblait, et son âme était inébranlable ; il nous apprenait que la vraie force, la vraie grandeur, consistent à supporter des maux sous lesquels notre nature succombe. Il y a un extrême courage à courir à la mort en la redoutant.

Socrate avait traité les sophistes d'ignorants, et les avait convaincus de mauvaise foi : Jésus, usant de ses droits divins, traita les scribes [133] et les pharisiens d'hypocrites, d'insensés, d'aveugles, de méchants, de serpents, de race de vipères.

Socrate ne fut point accusé de vouloir fonder une secte nouvelle : on n'accusa point Jésus-Christ d'en avoir voulu introduire une [134]. Il est dit que les princes des prêtres et tout le conseil cherchaient un faux témoignage contre Jésus pour le faire périr.

Or, s'ils cherchaient un faux témoignage, ils ne lui reprochaient donc pas d'avoir prêché publiquement contre la loi. Il fut en effet soumis à la loi de Moïse depuis son enfance jusqu'à sa mort. On le circoncit le huitième jour, comme tous les autres enfants. S'il fut depuis baptisé dans le Jourdain, c'était une cérémonie consacrée chez les Juifs, comme chez tous les peuples de l'Orient. Toutes les souillures légales se nettoyaient par le baptême ; c'est ainsi qu'on consacrait les prêtres : on se plongeait dans l'eau à la fête de l'expiation solennelle, on baptisait les prosélytes.

Jésus observa tous les points de la loi : il fêta tous les jours de sabbat ; il s'abstint des viandes défendues ; il célébra toutes les fêtes, et même, avant sa mort, il avait célébré la pâque ; on ne l'accusa ni d'aucune opinion nouvelle, ni d'avoir observé aucun rite étranger. Né Israélite, il vécut constamment en Israélite.

Deux témoins qui se présentèrent l'accusèrent d'avoir dit [135] « qu'il pourrait détruire le temple et le rebâtir en trois jours ». Un tel discours était incompréhensible pour les Juifs charnels ; mais ce n'était pas une accusation de vouloir fonder une nouvelle secte.

Le grand prêtre l'interrogea, et lui dit [136] : « Je vous commande par le Dieu vivant de nous dire si vous êtes le Christ fils de Dieu. » On ne nous apprend point ce que le grand prêtre entendait par fils de Dieu. On se servait quelquefois de cette expression pour signifier un juste [137], comme on employait les mots de *fils de Bélial* pour signifier un méchant. Les Juifs grossiers n'avaient aucune idée du mystère sacré d'un fils de Dieu, Dieu lui-même, venant sur la terre.

Jésus lui répondit [138] : « Vous l'avez dit ; mais je vous dis que vous verrez bientôt le fils de l'homme assis à la droite de la vertu de Dieu, venant sur les nuées du ciel. »

Cette réponse fut regardée par le sanhédrin irrité comme un blasphème. Le sanhédrin n'avait plus le droit du glaive ; ils traduisirent Jésus devant le gouverneur romain de la province, et l'accusèrent calomnieusement d'être un perturbateur du repos public, qui disait qu'il ne fallait pas payer le tribut à César, et qui de plus se disait roi des Juifs. Il est donc de la plus grande évidence qu'il fut accusé d'un crime d'État.

Le gouverneur Pilate, ayant appris qu'il était Galiléen, le renvoya d'abord à Hérode, tétrarque de Galilée. Hérode crut qu'il était impossible que Jésus pût aspirer à se faire chef de parti, et prétendre à la royauté ; il le traita avec mépris, et le renvoya à Pilate, qui eut l'indigne faiblesse de le condamner pour apaiser le tumulte excité contre lui-même, d'autant plus qu'il avait essuyé déjà une révolte des Juifs, à ce que nous apprend Josèphe. Pilate n'eut pas la même générosité qu'eut depuis le gouverneur Festus [139].

Je demande à présent si c'est la tolérance ou l'intolérance qui est de droit divin? Si vous voulez ressembler à Jésus-Christ, soyez martyrs, et non pas bourreaux.

CHAPITRE XV

C'est une impiété d'ôter, en matière de religion, la liberté aux hommes, d'empêcher qu'ils ne fassent choix d'une divinité : aucun homme, aucun dieu, ne voudrait d'un service forcé. (*Apologétique*, ch. XXIV.)

Si on usait de violence pour la défense de la foi, les évêques s'y opposeraient. (Saint HILAIRE, liv. Ier.)

La religion forcée n'est plus religion : il faut persuader, et non contraindre. La religion ne se commande point. (LACTANCE, liv. III.)

C'est une exécrable hérésie de vouloir attirer par la force, par les coups, par les emprisonnements, ceux qu'on n'a pu convaincre par la raison. (Saint ATHANASE, liv. Ier.)

Rien n'est plus contraire à la religion que la contrainte. (Saint JUSTIN, martyr, liv. V.)

Persécuterons-nous ceux que Dieu tolère ? dit saint Augustin, avant que sa querelle avec les donatistes l'eût rendu trop sévère.

Qu'on ne fasse aucune violence aux Juifs. (*Quatrième concile de Tolède*, cinquante-sixième canon.)

Conseillez, et ne forcez pas. (*Lettre de saint Bernard.*)

Nous ne prétendons point détruire les erreurs par la violence. (*Discours du clergé de France à Louis XIII.*)

Nous avons toujours désapprouvé les voies de rigueur. (*Assemblée du clergé*, 11 auguste 1560.)

Nous savons que la foi se persuade et ne se

commande point. (FLÉCHIER, évêque de Nîmes, *lettre* 19.)

On ne doit pas même user de termes insultants. (L'évêque DU BELLAI, dans une *Instruction pastorale.*)

Souvenez-vous que les maladies de l'âme ne se guérissent point par contrainte et par violence. (Le cardinal LE CAMUS, *Instruction pastorale* de 1688.)

Accordez à tous la tolérance civile. (FÉNELON, archevêque de Cambrai, *au duc de Bourgogne.*)

L'exaction forcée d'une religion est une preuve évidente que l'esprit qui la conduit est un esprit ennemi de la vérité. (DIROIS, docteur de Sorbonne, livre VI, chap. IV.)

La violence peut faire des hypocrites; on ne persuade point quand on fait retentir partout les menaces. (TILLEMONT, *Histoire ecclésiastique,* tome VI.)

Il nous a paru conforme à l'équité et à la droite raison de marcher sur les traces de l'ancienne Église, qui n'a point usé de violence pour établir et étendre la religion. (*Remontrance du parlement de Paris à Henri II.*)

L'expérience nous apprend que la violence est plus capable d'irriter que de guérir un mal qui a sa racine dans l'esprit, etc. (DE THOU, *Épître dédicatoire à Henri IV.*)

La foi ne s'inspire pas à coups d'épée. (CERISIERS, *Sur les règnes de Henri IV et de Louis XIII.*)

C'est un zèle barbare que celui qui prétend planter la religion dans les cœurs, comme si la persuasion pouvait être l'effet de la contrainte. (BOULAINVILLIERS, *État de la France.*)

Il en est de la religion comme de l'amour : le commandement n'y peut rien, la contrainte encore moins ; rien de plus indépendant que d'aimer et de croire. (AMELOT DE LA HOUSSAIE, sur les *Lettres du cardinal d'Ossat.*)

Si le ciel vous a assez aimés pour vous faire voir la vérité, il vous a fait une grande grâce ; mais est-ce aux enfants qui ont l'héritage de leur père, de haïr ceux qui ne l'ont pas eu ? (*Esprit des Lois,* liv. XXV[140].)

On pourrait faire un livre énorme, tout composé de pareils passages. Nos histoires, nos discours, nos sermons, nos ouvrages de morale, nos catéchismes, respirent tous, enseignent tous aujourd'hui ce devoir sacré de l'indulgence. Par quelle fatalité, par quelle inconséquence démentirions-nous dans la pratique une théorie que nous annonçons tous les jours ? Quand nos actions démentent notre morale, c'est que nous croyons qu'il y a quelque avantage pour nous à faire le contraire de ce que nous enseignons ; mais certainement il n'y a aucun avantage à persécuter ceux qui ne sont pas de notre avis, et à nous en faire haïr. Il y a donc, encore une fois, de l'absurdité dans l'intolérance. Mais, dira-t-on, ceux qui ont intérêt à gêner les consciences ne sont point absurdes. C'est à eux que s'adresse le chapitre suivant.

CHAPITRE XVI

DIALOGUE ENTRE UN MOURANT
ET UN HOMME QUI SE PORTE BIEN

Un citoyen était à l'agonie dans une ville de province ; un homme en bonne santé vint insulter à ses derniers moments, et lui dit :

Misérable ! pense comme moi tout à l'heure : signe cet écrit, confesse que cinq propositions sont dans un livre que ni toi ni moi n'avons jamais lu [141] ; sois tout à l'heure du sentiment de Lanfranc contre Bérenger, de saint Thomas contre saint Bonaventure ; embrasse le second concile de Nicée contre le concile de Francfort ; explique-moi dans l'instant comment ces paroles : « Mon Père est plus grand que moi [142] » signifient expressément : « Je suis aussi grand que lui. »

Dis-moi comment le Père communique tout au Fils, excepté la paternité, ou je vais faire jeter ton corps à la voirie ; tes enfants n'hériteront point de toi, ta femme sera privée de sa dot, et ta famille mendiera du pain, que mes pareils ne lui donneront pas.

LE MOURANT.

J'entends à peine ce que vous me dites ; les menaces que vous me faites parviennent confusément à mon oreille, elles troublent mon âme, elles rendent ma mort affreuse. Au nom de Dieu, ayez pitié de moi.

LE BARBARE.

De la pitié ! je n'en puis avoir si tu n'es pas de mon avis en tout.

LE MOURANT.

Hélas ! vous sentez qu'à ces derniers moments tous mes sens sont flétris, toutes les portes de mon entendement sont fermées, mes idées s'enfuient, ma pensée s'éteint. Suis-je en état de disputer ?

LE BARBARE.

Hé bien, si tu ne peux pas croire ce que je veux, dis que tu le crois, et cela me suffit.

LE MOURANT.

Comment puis-je me parjurer pour vous plaire ? Je vais paraître dans un moment devant le Dieu qui punit le parjure.

LE BARBARE.

N'importe ; tu auras le plaisir d'être enterré dans un cimetière, et ta femme, tes enfants, auront de quoi vivre. Meurs en hypocrite ; l'hypocrisie est une bonne chose : c'est, comme on dit, un hommage que le vice rend à la vertu [143]. Un peu d'hypocrisie, mon ami, qu'est-ce que cela coûte ?

LE MOURANT.

Hélas ! vous méprisez Dieu, ou vous ne le reconnaissez pas, puisque vous me demandez un mensonge à l'article de la mort, vous qui devez bientôt recevoir votre jugement de lui, et qui répondrez de ce mensonge.

LE BARBARE.

Comment, insolent ! je ne reconnais point de Dieu !

LE MOURANT.

Pardon, mon frère, je crains que vous n'en connaissiez pas. Celui que j'adore ranime en ce moment mes forces pour vous dire d'une voix mourante que, si vous croyez en Dieu, vous devez user envers moi de charité. Il m'a donné ma femme et mes enfants, ne les faites pas périr de misère. Pour mon corps, faites-en ce que vous voudrez : je vous l'abandonne ; mais croyez en Dieu, je vous en conjure.

LE BARBARE.

Fais, sans raisonner, ce que je t'ai dit ; je le veux, je te l'ordonne.

LE MOURANT.

Et quel intérêt avez-vous à me tant tourmenter ?

LE BARBARE.

Comment ! quel intérêt ? Si j'ai ta signature, elle me vaudra un bon canonicat.

LE MOURANT.

Ah ! mon frère ! voici mon dernier moment ; je meurs, je vais prier Dieu qu'il vous touche et qu'il vous convertisse.

LE BARBARE.

Au diable soit l'impertinent, qui n'a point signé ! Je vais signer pour lui et contrefaire son écriture [144].

La lettre suivante est une confirmation de la même morale.

CHAPITRE XVII

MON RÉVÉREND PÈRE,

J'obéis aux ordres que Votre Révérence m'a donnés de lui présenter les moyens les plus propres de délivrer Jésus et sa Compagnie de leurs ennemis. Je crois qu'il ne reste plus que cinq cent mille huguenots dans le royaume, quelques-uns disent un million, d'autres quinze cent mille ; mais en quelque nombre qu'ils soient, voici mon avis, que je soumets très humblement au vôtre, comme je le dois.

1° Il est aisé d'attraper en un jour tous les prédicants et de les pendre tous à la fois dans une même place, non seulement pour l'édification publique, mais pour la beauté du spectacle.

2° Je ferais assassiner dans leurs lits tous les pères et mères, parce que si on les tuait dans les rues, cela pourrait causer quelque tumulte ; plusieurs même pourraient se sauver, ce qu'il faut éviter sur toute chose. Cette exécution est un corollaire nécessaire de nos principes : car, s'il faut tuer un hérétique, comme tant de grands théologiens le prouvent, il est évident qu'il faut les tuer tous.

3° Je marierais le lendemain toutes les filles à de bons catholiques, attendu qu'il ne faut pas dépeupler trop l'État après la dernière guerre ; mais à l'égard des garçons de quatorze et quinze ans, déjà imbus de mauvais principes, qu'on ne peut se flatter de détruire, mon opinion est qu'il faut les châtrer tous, afin que cette engeance ne soit jamais reproduite. Pour les autres petits garçons, ils seront élevés dans vos collèges, et on les fouettera jusqu'à ce qu'ils sachent par cœur les ouvrages de Sanchez et de Molina.

4° Je pense, sauf correction, qu'il en faut faire autant à tous les luthériens d'Alsace, attendu que, dans l'année 1704, j'aperçus deux vieilles de ce pays-là qui riaient le jour de la bataille d'Hochstedt.

5° L'article des jansénistes paraîtra peut-être un peu plus embarrassant : je les crois au nombre de six millions au moins ; mais un esprit tel que le vôtre ne doit pas s'en effrayer. Je comprends parmi les jansénistes tous les parlements, qui soutiennent si indignement les libertés de l'Église gallicane. C'est à Votre Révérence de peser, avec sa prudence ordinaire, les moyens de vous soumettre tous ces esprits revêches. La conspiration des poudres n'eut pas le succès désiré, parce qu'un des conjurés eut l'indiscrétion de vouloir sauver la vie à son ami ; mais, comme vous n'avez point d'ami, le même inconvénient n'est point à craindre : il vous sera fort aisé de faire sauter tous les parlements du royaume avec cette invention du moine Schwartz, qu'on appelle *pulvis pyrius* [146]. Je calcule qu'il faut, l'un portant l'autre, trente-six tonneaux de poudre pour chaque parlement, et ainsi, en multipliant douze parlements [147] par trente-six tonneaux, cela ne compose que quatre cent trente-deux tonneaux, qui, à cent écus pièce, font la somme de cent vingt-neuf mille six cents livres : c'est une bagatelle pour le révérend père général.

Les parlements une fois sautés, vous donnerez leurs charges à vos congréganistes, qui sont parfaitement instruits des lois du royaume.

6° Il sera aisé d'empoisonner M. le cardinal de Noailles, qui est un homme simple, et qui ne se défie de rien.

Votre Révérence emploiera les mêmes moyens de conversion auprès de quelques évêques rénitents ; leurs évêchés seront mis entre les mains des jésuites, moyennant un bref du pape : alors tous les évêques étant du parti de la bonne cause, et tous les curés étant habilement choisis par les évêques, voici ce que je conseille, sous le bon plaisir de Votre Révérence.

7° Comme on dit que les jansénistes communient au moins à Pâques, il ne serait pas mal de saupoudrer les hosties de la drogue dont on se servit pour faire justice de l'empereur Henri VII. Quelque critique me dira peut-être qu'on risquerait, dans cette opération, de donner aussi la mort-aux-rats aux molinistes : cette objection est forte ; mais il n'y a point de projet qui n'ait des inconvénients, point de système qui ne menace ruine par quelque endroit. Si on était arrêté par ces petites difficultés, on ne viendrait jamais à bout de rien ; et d'ailleurs, comme il s'agit de procurer le plus grand bien qu'il soit possible, il ne faut pas se scandaliser si ce grand bien entraîne après lui quelques mauvaises suites, qui ne sont de nulle considération.

Nous n'avons rien à nous reprocher : il est démontré que tous les prétendus réformés, tous les jansénistes, sont dévolus à l'enfer ; ainsi nous ne faisons que hâter le moment où ils doivent entrer en possession.

Il n'est pas moins clair que le paradis appartient de droit aux molinistes : donc, en les faisant périr par mégarde et sans aucune mauvaise intention, nous accélérons leur joie ; nous sommes dans l'un et l'autre cas les ministres de la Providence.

Quant à ceux qui pourraient être un peu effarouchés du nombre, Votre Paternité pourra leur faire remarquer que depuis les jours florissants de l'Église jusqu'à 1707, c'est-à-dire depuis environ quatorze cents ans, la théologie a procuré le massacre de plus de cinquante millions d'hommes ; et que je ne propose d'en étrangler, ou égorger, ou empoisonner, qu'environ six millions cinq cent mille.

On nous objectera peut-être encore que mon compte n'est pas juste, et que je viole la règle de trois : car, dira-t-on, si en quatorze cents ans il n'a péri que cinquante millions d'hommes pour des distinctions, des dilemmes et des antilemmes théologiques, cela ne fait par année que trente-cinq mille sept cent quatorze personnes avec fraction, et qu'ainsi je tue six millions quatre cent soixante-quatre mille deux cent quatre-vingt-cinq personnes de trop avec fraction pour la présente année.

Mais, en vérité, cette chicane est bien puérile ; on peut même dire qu'elle est impie : car ne voit-on pas, par mon procédé, que je sauve la vie à tous les catholiques jusqu'à la fin du monde ? On n'aurait jamais fait, si on voulait répondre à toutes les critiques. Je suis avec un profond respect de Votre Paternité,

Le très humble, très dévot et très doux R... [148],
native d'Angoulême, préfet de la Congrégation.

Ce projet ne put être exécuté, parce que le P. Le Tellier y trouva quelques difficultés, et que Sa Paternité fut exilée l'année suivante. Mais comme il faut examiner le pour et le contre, il est bon de rechercher dans quels cas on pourrait légitimement suivre en partie les vues du correspondant du P. Le Tellier. Il paraît qu'il serait dur d'exécuter ce projet dans tous ses points ; mais il faut voir dans quelles occasions on doit rouer ou pendre, ou mettre aux galères les gens qui ne sont pas de notre avis : c'est l'objet de l'article suivant.

CHAPITRE XVIII

SEULS CAS OU L'INTOLÉRANCE
EST DE DROIT HUMAIN

Pour qu'un gouvernement ne soit pas en droit de punir les erreurs des hommes, il est nécessaire que ces erreurs ne soient pas des crimes ; elles ne sont des crimes que quand elles troublent la société : elles troublent cette société, dès qu'elles inspirent le fanatisme ; il faut donc que les hommes commencent par n'être pas fanatiques pour mériter la tolérance.

Si quelques jeunes jésuites, sachant que l'Église a les réprouvés en horreur, que les jansénistes sont condamnés par une bulle, qu'ainsi les jansénistes sont réprouvés, s'en vont brûler une maison des Pères de l'Oratoire parce que Quesnel l'oratorien était janséniste, il est clair qu'on sera bien obligé de punir ces jésuites.

De même, s'ils ont débité des maximes coupables, si leur institut est contraire aux lois du royaume, on ne peut s'empêcher de dissoudre leur compagnie, et d'abolir les jésuites pour en faire des citoyens : ce qui au fond est un mal imaginaire, et un bien réel pour eux, car où est le mal de porter un habit court au lieu d'une soutane, et d'être libre au lieu d'être esclave ? On réforme à la paix des régiments entiers, qui ne se plaignent pas : pourquoi les jésuites poussent-ils de si hauts cris quand on les réforme pour avoir la paix ?

Que les cordeliers, transportés d'un saint zèle pour la vierge Marie, aillent démolir l'église des jacobins, qui pensent que Marie est née dans le péché originel, on sera obligé alors de traiter les cordeliers à peu près comme les jésuites.

On en dira autant des luthériens et des calvinistes. Ils auront beau dire : Nous suivons les mouvements de notre conscience, il vaut mieux obéir à Dieu qu'aux hommes [149] ; nous sommes le vrai troupeau, nous devons exterminer les loups ; il est évident qu'alors ils sont loups eux-mêmes.

Un des plus étonnants exemples de fanatisme a été une petite secte en Danemark, dont le principe était le meilleur du monde [150]. Ces gens-là voulaient procurer le salut éternel à leurs frères ; mais les conséquences de ce principe étaient singulières. Ils savaient que tous les petits enfants qui meurent sans baptême sont damnés, et que ceux qui ont le bonheur de mourir immédiatement après avoir reçu le baptême jouissent de la gloire éternelle : ils allaient égorgeant les garçons et les filles nouvellement baptisés qu'ils pouvaient rencontrer ; c'était sans doute leur faire le plus grand bien qu'on pût leur procurer : on les préservait à la fois du péché, des misères de cette vie, et de l'enfer ; on les envoyait infailliblement au ciel. Mais ces gens charitables ne considéraient pas qu'il n'est pas permis de faire un petit mal pour un grand bien ; qu'ils n'avaient aucun droit sur la vie de ces petits enfants ; que la plupart des pères et mères sont assez charnels pour aimer mieux avoir auprès d'eux leurs fils et leurs filles que de les voir égorger pour aller en paradis, et qu'en un mot, le magistrat doit punir l'homicide, quoiqu'il soit fait à bonne intention.

Les Juifs sembleraient avoir plus de droit que personne de nous voler et de nous tuer : car bien qu'il y ait cent exemples de tolérance dans l'Ancien Testament, cependant il y a aussi quelques exemples et quelques lois de rigueur. Dieu leur a ordonné quelquefois de tuer les idolâtres, et de ne réserver que les filles nubiles : ils nous regardent comme idolâtres, et, quoique nous les tolérions aujourd'hui, ils pourraient bien, s'ils étaient les maîtres, ne laisser au monde que nos filles.

Ils seraient surtout dans l'obligation indispensable d'assassiner tous les Turcs, cela va sans difficulté : car les Turcs possèdent le pays des Éthéens, des Jébuséens, des Amorrhéens, Jersénéens, Hévéens, Aracéens, Cinéens, Hamatéens, Samaréens : tous ces peuples furent dévoués à l'anathème ; leur pays, qui était de plus de vingt-cinq lieues de long, fut donné aux Juifs par plusieurs pactes consécutifs ; ils doivent rentrer dans leur bien ; les mahométans en sont les usurpateurs depuis plus de mille ans.

Si les Juifs raisonnaient ainsi aujourd'hui, il est clair qu'il n'y aurait d'autre réponse à leur faire que de les mettre aux galères.

Ce sont à peu près les seuls cas où l'intolérance paraît raisonnable.

CHAPITRE XIX

RELATION D'UNE DISPUTE DE CONTROVERSE
À LA CHINE

Dans les premières années du règne du grand empereur Kang-hi, un mandarin de la ville de Kanton entendit de sa maison un grand bruit qu'on faisait dans la maison voisine : il s'informa si l'on ne tuait personne ; on lui dit que c'était l'aumônier de la compagnie danoise, un chapelain de Batavia, et un jésuite qui disputaient ; il les fit venir, leur fit servir du thé et des confitures, et leur demanda pourquoi ils se querellaient.

Le jésuite lui répondit qu'il était bien douloureux pour lui, qui avait toujours raison, d'avoir affaire à des gens qui avaient toujours tort ; que d'abord il avait argumenté avec la plus grande retenue, mais qu'enfin la patience lui avait échappé.

Le mandarin leur fit sentir, avec toute la discrétion possible, combien la politesse est nécessaire dans la dispute, leur dit qu'on ne se fâchait jamais à la Chine, et leur demanda de quoi il s'agissait.

Le jésuite lui répondit : « Monseigneur, je vous en fais juge ; ces deux messieurs refusent de se soumettre aux décisions du concile de Trente.

— Cela m'étonne, dit le mandarin. » Puis se tournant vers les deux réfractaires : « Il me paraît, leur dit-il, messieurs, que vous devriez respecter les avis d'une grande assemblée : je ne sais pas ce que c'est que le concile de Trente ; mais plusieurs personnes sont toujours plus instruites qu'une seule. Nul ne doit

croire qu'il en sait plus que les autres, et que la raison
n'habite que dans sa tête ; c'est ainsi que l'enseigne
notre grand Confucius ; et si vous m'en croyez, vous
ferez très bien de vous en rapporter au concile de
Trente. »

Le Danois prit alors la parole, et dit : « Monseigneur parle avec la plus grande sagesse ; nous respectons les grandes assemblées comme nous le devons ;
aussi sommes-nous entièrement de l'avis de plusieurs
assemblées qui se sont tenues avant celle de Trente.

— Oh ! si cela est ainsi, dit le mandarin, je vous
demande pardon, vous pourriez bien avoir raison. Ça,
vous êtes donc du même avis, ce Hollandais et vous,
contre ce pauvre jésuite ?

— Point du tout, dit le Hollandais ; cet homme-ci a
des opinions presque aussi extravagantes que celles de
ce jésuite, qui fait ici le doucereux avec vous ; il n'y a
pas moyen d'y tenir.

— Je ne vous conçois pas, dit le mandarin ; n'êtes-
vous pas tous trois chrétiens ? Ne venez-vous pas tous
trois enseigner le christianisme dans notre empire ? Et
ne devez-vous pas par conséquent avoir les mêmes
dogmes ?

— Vous voyez, monseigneur, dit le jésuite ; ces
deux gens-ci sont ennemis mortels, et disputent tous
deux contre moi : il est donc évident qu'ils ont tous les
deux tort, et que la raison n'est que de mon côté.

— Cela n'est pas si évident, dit le mandarin ; il se
pourrait faire à toute force que vous eussiez tort tous
trois ; je serais curieux de vous entendre l'un après
l'autre. »

Le jésuite fit alors un assez long discours, pendant
lequel le Danois et le Hollandais levaient les épaules ;
le mandarin n'y comprit rien. Le Danois parla à son
tour ; ses deux adversaires le regardèrent en pitié, et le
mandarin n'y comprit pas davantage. Le Hollandais
eut le même sort. Enfin ils parlèrent tous trois
ensemble, ils se dirent de grosses injures. L'honnête
mandarin eut bien de la peine à mettre le holà, et leur
dit : « Si vous voulez qu'on tolère ici votre doctrine,

commencez par n'être ni intolérants ni intolérables. »

Au sortir de l'audience, le jésuite rencontra un missionnaire jacobin ; il lui apprit qu'il avait gagné sa cause, l'assurant que la vérité triomphait toujours. Le jacobin lui dit : « Si j'avais été là, vous ne l'auriez pas gagnée ; je vous aurais convaincu de mensonge et d'idolâtrie. » La querelle s'échauffa ; le jacobin et le jésuite se prirent aux cheveux. Le mandarin, informé du scandale, les envoya tous deux en prison. Un sous-mandarin dit au juge : « Combien de temps Votre Excellence veut-elle qu'ils soient aux arrêts ? — Jusqu'à ce qu'ils soient d'accord, dit le juge. — Ah ! dit le sous-mandarin, ils seront donc en prison toute leur vie. — Hé bien ! dit le juge, jusqu'à ce qu'ils se pardonnent. — Ils ne se pardonneront jamais, dit l'autre ; je les connais. — Hé bien donc ! dit le mandarin, jusqu'à ce qu'ils fassent semblant de se pardonner. »

CHAPITRE XX

Telle est la faiblesse du genre humain, et telle est sa perversité, qu'il vaut mieux sans doute pour lui d'être subjugué par toutes les superstitions possibles, pourvu qu'elles ne soient point meurtrières, que de vivre sans religion. L'homme a toujours eu besoin d'un frein, et quoiqu'il fût ridicule de sacrifier aux faunes, aux sylvains, aux naïades, il était bien plus raisonnable et plus utile d'adorer ces images fantastiques de la Divinité que de se livrer à l'athéisme. Un athée qui serait raisonneur, violent et puissant, serait un fléau aussi funeste qu'un superstitieux sanguinaire.

Quand les hommes n'ont pas de notions saines de la Divinité, les idées fausses y suppléent, comme dans les temps malheureux on trafique avec de la mauvaise monnaie, quand on n'en a pas de bonne. Le païen craignait de commettre un crime, de peur d'être puni par les faux dieux ; le Malabare craint d'être puni par sa pagode. Partout où il y a une société établie, une religion est nécessaire ; les lois veillent sur les crimes connus, et la religion sur les crimes secrets.

Mais lorsqu'une fois les hommes sont parvenus à embrasser une religion pure et sainte, la superstition devient non seulement inutile, mais très dangereuse. On ne doit pas chercher à nourrir de gland ceux que Dieu daigne nourrir de pain.

La superstition est à la religion ce que l'astrologie est à l'astronomie, la fille très folle d'une mère très sage. Ces deux filles ont longtemps subjugué toute la terre.

Lorsque, dans nos siècles de barbarie, il y avait à peine deux seigneurs féodaux qui eussent chez eux un Nouveau Testament, il pouvait être pardonnable de présenter des fables au vulgaire, c'est-à-dire à ces seigneurs féodaux, à leurs femmes imbéciles, et aux brutes leurs vassaux ; on leur faisait croire que saint Christophe avait porté l'enfant Jésus du bord d'une rivière à l'autre ; on les repaissait d'histoires de sorciers et de possédés ; ils imaginaient aisément que saint Genou guérissait de la goutte, et que sainte Claire guérissait les yeux malades. Les enfants croyaient au loup-garou, et les pères au cordon de saint François. Le nombre des reliques était innombrable.

La rouille de tant de superstitions a subsisté encore quelque temps chez les peuples, lors même qu'enfin la religion fut épurée. On sait que quand M. de Noailles, évêque de Châlons, fit enlever et jeter au feu la prétendue relique du saint nombril de Jésus-Christ, toute la ville de Châlons lui fit un procès ; mais il eut autant de courage que de piété, et il parvint bientôt à faire croire aux Champenois qu'on pouvait adorer Jésus-Christ en esprit et en vérité, sans avoir son nombril dans une église.

Ceux qu'on appelait *jansénistes* ne contribuèrent pas peu à déraciner insensiblement dans l'esprit de la nation la plupart des fausses idées qui déshonoraient la religion chrétienne. On cessa de croire qu'il suffisait de réciter l'oraison des trente jours à la vierge Marie pour obtenir tout ce qu'on voulait et pour pécher impunément.

Enfin la bourgeoisie a commencé à soupçonner que ce n'était pas sainte Geneviève qui donnait ou arrêtait la pluie, mais que c'était Dieu lui-même qui disposait des éléments. Les moines ont été étonnés que leurs saints ne fissent plus de miracles ; et si les écrivains de la *Vie de saint François Xavier* revenaient au monde, ils n'oseraient pas écrire que ce saint ressuscita neuf morts [151], qu'il se trouva en même temps sur mer et sur terre, et que son crucifix étant tombé dans la mer, un cancre vint le lui rapporter.

Il en a été de même des excommunications. Nos historiens nous disent que lorsque le roi Robert eut été excommunié par le pape Grégoire V, pour avoir épousé la princesse Berthe sa commère, ses domestiques jetaient par les fenêtres les viandes qu'on avait servies au roi, et que la reine Berthe accoucha d'une oie en punition de ce mariage incestueux. On doute aujourd'hui que les maîtres d'hôtel d'un roi de France excommunié jetassent son dîner par la fenêtre, et que la reine mît au monde un oison en pareil cas.

S'il y a quelques convulsionnaires dans un coin d'un faubourg [152], c'est une maladie pédiculaire dont il n'y a que la plus vile populace qui soit attaquée. Chaque jour la raison pénètre en France, dans les boutiques des marchands comme dans les hôtels des seigneurs. Il faut donc cultiver les fruits de cette raison, d'autant plus qu'il est impossible de les empêcher d'éclore. On ne peut gouverner la France, après qu'elle a été éclairée par les Pascal, les Nicole, les Arnauld, les Bossuet, les Descartes, les Gassendi, les Bayle, les Fontenelle, etc., comme on la gouvernait du temps des Garasse et des Menot.

Si les maîtres d'erreurs, je dis les grands maîtres, si longtemps payés et honorés pour abrutir l'espèce humaine, ordonnaient aujourd'hui de croire que le grain doit pourrir pour germer [153] ; que la terre est immobile sur ses fondements, qu'elle ne tourne point autour du soleil ; que les marées ne sont pas un effet naturel de la gravitation, que l'arc-en-ciel n'est pas formé par la réfraction et la réflexion des rayons de la lumière, etc., et s'ils se fondaient sur des passages mal entendus de la sainte Écriture pour appuyer leurs ordonnances, comment seraient-ils regardés par tous les hommes instruits ? Le terme de *bêtes* serait-il trop fort ? Et si ces sages maîtres se servaient de la force et de la persécution pour faire régner leur ignorance insolente, le terme de *bêtes farouches* serait-il déplacé ?

Plus les superstitions des moines sont méprisées,

plus les évêques sont respectés, et les curés considé-
rés ; ils ne font que du bien, et les superstitions
monacales ultramontaines feraient beaucoup de mal.
Mais de toutes les superstitions, la plus dangereuse,
n'est-ce pas celle de haïr son prochain pour ses
opinions ? Et n'est-il pas évident qu'il serait encore
plus raisonnable d'adorer le saint nombril, le saint
prépuce, le lait et la robe de la vierge Marie, que de
détester et de persécuter son frère ?

CHAPITRE XXI

VERTU VAUT MIEUX QUE SCIENCE

Moins de dogmes, moins de disputes; et moins de disputes, moins de malheurs : si cela n'est pas vrai, j'ai tort.

La religion est instituée pour nous rendre heureux dans cette vie et dans l'autre. Que faut-il pour être heureux dans la vie à venir ? être juste.

Pour être heureux dans celle-ci, autant que le permet la misère de notre nature, que faut-il ? être indulgent.

Ce serait le comble de la folie de prétendre amener tous les hommes à penser d'une manière uniforme sur la métaphysique. On pourrait beaucoup plus aisément subjuguer l'univers entier par les armes que subjuguer tous les esprits d'une seule ville.

Euclide est venu aisément à bout de persuader à tous les hommes les vérités de la géométrie : pourquoi ? parce qu'il n'y en a pas une qui ne soit un corollaire évident de ce petit axiome : *deux et deux font quatre*. Il n'en est pas tout à fait de même dans le mélange de la métaphysique et de la théologie.

Lorsque l'évêque Alexandre et le prêtre Arios ou Arius commencèrent à disputer sur la manière dont le *Logos* était une émanation du Père, l'empereur Constantin leur écrivit d'abord ces paroles rapportées par Eusèbe et par Socrate : « Vous êtes de grands fous de disputer sur des choses que vous ne pouvez entendre. »

Si les deux partis avaient été assez sages pour convenir que l'empereur avait raison, le monde chrétien n'aurait pas été ensanglanté pendant trois cents années.

Qu'y a-t-il en effet de plus fou et de plus horrible que de dire aux hommes : « Mes amis, ce n'est pas assez d'être des sujets fidèles, des enfants soumis, des pères tendres, des voisins équitables, de pratiquer toutes les vertus, de cultiver l'amitié, de fuir l'ingratitude, d'adorer Jésus-Christ en paix : il faut encore que vous sachiez comment on est engendré de toute éternité ; et si vous ne savez pas distinguer l'*omousion* dans l'hypostase, nous vous dénonçons que vous serez brûlés à jamais ; et, en attendant, nous allons commencer par vous égorger » ?

Si on avait présenté une telle décision à un Archimède, à un Posidonius, à un Varron, à un Caton, à un Cicéron, qu'auraient-ils répondu ?

Constantin ne persévéra point dans sa résolution d'imposer silence aux deux partis : il pouvait faire venir les chefs de l'ergotisme dans son palais ; il pouvait leur demander par quelle autorité ils troublaient le monde : « Avez-vous les titres de la famille divine ? Que vous importe que le *Logos* soit fait ou engendré, pourvu qu'on lui soit fidèle, pourvu qu'on prêche une bonne morale, et qu'on la pratique si on peut ? J'ai commis bien des fautes dans ma vie, et vous aussi ; vous êtes ambitieux, et moi aussi ; l'empire m'a coûté des fourberies et des cruautés ; j'ai assassiné presque tous mes proches ; je m'en repens : je veux expier mes crimes en rendant l'empire romain tranquille, ne m'empêchez pas de faire le seul bien qui puisse faire oublier mes anciennes barbaries ; aidez-moi à finir mes jours en paix. » Peut-être n'aurait-il rien gagné sur les disputeurs ; peut-être fut-il flatté de présider à un concile en long habit rouge, la tête chargée de pierreries.

Voilà pourtant ce qui ouvrit la porte à tous ces fléaux qui vinrent de l'Asie inonder l'Occident. Il sortit de chaque verset contesté une furie armée d'un

sophisme et d'un poignard, qui rendit tous les
hommes insensés et cruels. Les Huns, les Hérules, les
Goths et les Vandales, qui survinrent, firent infiniment moins de mal, et le plus grand qu'ils firent fut de
se prêter enfin eux-mêmes à ces disputes fatales.

... ...

CHAPITRE XXII

DE LA TOLÉRANCE UNIVERSELLE

Il ne faut pas un grand art, une éloquence bien recherchée, pour prouver que des chrétiens doivent se tolérer les uns les autres. Je vais plus loin : je vous dis qu'il faut regarder tous les hommes comme nos frères. Quoi! mon frère le Turc? mon frère le Chinois? le Juif? le Siamois? Oui, sans doute; ne sommes-nous pas tous enfants du même père, et créatures du même Dieu?

Mais ces peuples nous méprisent; mais ils nous traitent d'idolâtres! Hé bien! je leur dirai qu'ils ont grand tort. Il me semble que je pourrais étonner au moins l'orgueilleuse opiniâtreté d'un iman ou d'un talapoin, si je leur parlais à peu près ainsi :

« Ce petit globe, qui n'est qu'un point, roule dans l'espace, ainsi que tant d'autres globes; nous sommes perdus dans cette immensité. L'homme, haut d'environ cinq pieds, est assurément peu de chose dans la création. Un de ces êtres imperceptibles dit à quelques-uns de ses voisins, dans l'Arabie ou dans la Cafrerie : « Écoutez-moi, car le Dieu de tous ces mondes m'a éclairé : il y a neuf cents millions de petites fourmis comme nous sur la terre, mais il n'y a que ma fourmilière qui soit chère à Dieu; toutes les autres lui sont en horreur de toute éternité; elle sera seule heureuse, et toutes les autres seront éternellement infortunées. »

Ils m'arrêteraient alors, et me demanderaient quel

est le fou qui a dit cette sottise. Je serais obligé de leur répondre : « C'est vous-mêmes. » Je tâcherais ensuite de les adoucir ; mais cela serait bien difficile.

Je parlerais maintenant aux chrétiens, et j'oserais dire, par exemple, à un dominicain inquisiteur pour la foi : « Mon frère, vous savez que chaque province d'Italie a son jargon, et qu'on ne parle point à Venise et à Bergame comme à Florence. L'Académie de la Crusca a fixé la langue ; son dictionnaire est une règle dont on ne doit pas s'écarter, et la *Grammaire* de Buonmattei est un guide infaillible qu'il faut suivre ; mais croyez-vous que le consul de l'Académie, et en son absence Buonmattei, auraient pu en conscience faire couper la langue à tous les Vénitiens et à tous les Bergamasques qui auraient persisté dans leur patois ? »

L'inquisiteur me répond : « Il y a bien de la différence ; il s'agit ici du salut de votre âme : c'est pour votre bien que le directoire de l'Inquisition ordonne qu'on vous saisisse sur la déposition d'une seule personne, fût-elle infâme et reprise de justice ; que vous n'ayez point d'avocat pour vous défendre ; que le nom de votre accusateur ne vous soit pas seulement connu ; que l'inquisiteur vous promette grâce, et ensuite vous condamne ; qu'il vous applique à cinq tortures différentes, et qu'ensuite vous soyez ou fouetté, ou mis aux galères, ou brûlé en cérémonie [154]. Le P. Ivonet, le docteur Cuchalon, Zanchinus, Campegius, Roias, Felynus, Gomarus, Diabarus, Gemelinus [155], y sont formels et cette pieuse pratique ne peut souffrir de contradiction. »

Je prendrais la liberté de lui répondre : « Mon frère, peut-être avez-vous raison ; je suis convaincu du bien que vous voulez me faire ; mais ne pourrais-je pas être sauvé sans tout cela ? »

Il est vrai que ces horreurs absurdes ne souillent pas tous les jours la face de la terre ; mais elles ont été fréquentes, et on en composerait aisément un volume beaucoup plus gros que les évangiles qui les réprouvent. Non seulement il est bien cruel de persécuter dans cette courte vie ceux qui ne pensent pas comme nous, mais je ne sais s'il n'est pas bien hardi de prononcer leur damnation éternelle. Il me semble qu'il n'appartient guère à des atomes d'un moment, tels que nous sommes, de prévenir ainsi les arrêts du Créateur. Je suis bien loin de combattre cette sentence : « Hors de l'Église point de salut » ; je la respecte, ainsi que tout ce qu'elle enseigne, mais, en vérité, connaissons-nous toutes les voies de Dieu et toute l'étendue de ses miséricordes ? N'est-il pas permis d'espérer en lui autant que de le craindre ? N'est-ce pas assez d'être fidèles à l'Église ? Faudra-t-il que chaque particulier usurpe les droits de la Divinité, et décide avant elle du sort éternel de tous les hommes ?

Quand nous portons le deuil d'un roi de Suède, ou de Danemark, ou d'Angleterre, ou de Prusse, disons-nous que nous portons le deuil d'un réprouvé qui brûle éternellement en enfer ? Il y a dans l'Europe quarante millions d'habitants qui ne sont pas de l'Église de Rome, dirons-nous à chacun d'eux : « Monsieur, attendu que vous êtes infailliblement damné, je ne veux ni manger, ni contracter, ni converser avec vous ? »

Quel est l'ambassadeur de France qui, étant présenté à l'audience du Grand Seigneur, se dira dans le fond de son cœur : Sa Hautesse sera infailliblement brûlée pendant toute l'éternité, parce qu'elle est soumise à la circoncision ? S'il croyait réellement que le Grand Seigneur est l'ennemi mortel de Dieu, et l'objet de sa vengeance, pourrait-il lui parler ? devrait-il être envoyé vers lui ? Avec quel homme pourrait-on commercer, quel devoir de la vie civile pourrait-on jamais remplir, si en effet on était convaincu de cette idée que l'on converse avec des réprouvés ?

O sectateurs d'un Dieu clément ! si vous aviez un cœur cruel ; si, en adorant celui dont toute la loi consistait en ces paroles : « Aimez Dieu et votre prochain [156] », vous aviez surchargé cette loi pure et sainte de sophismes et de disputes incompréhensibles ;

si vous aviez allumé la discorde, tantôt pour un mot
nouveau, tantôt pour une seule lettre de l'alphabet ; si
vous aviez attaché des peines éternelles à l'omission de
quelques paroles, de quelques cérémonies que d'autres peuples ne pouvaient connaître, je vous dirais, en
répandant des larmes sur le genre humain : « Trans-
portez-vous avec moi au jour où tous les hommes
seront jugés, et où Dieu rendra à chacun selon ses
œuvres. »

« Je vois tous les morts des siècles passés et du nôtre
comparaître en sa présence. Êtes-vous bien sûrs que
notre Créateur et notre Père dira au sage et vertueux
Confucius, au législateur Solon, à Pythagore, à Zaleu-
cus, à Socrate, à Platon, aux divins Antonins, au bon
Trajan, à Titus, les délices du genre humain, à
Épictète, à tant d'autres hommes, les modèles des
hommes : Allez, monstres, allez subir des châtiments
infinis en intensité et en durée ; que votre supplice soit
éternel comme moi ! Et vous, mes bien-aimés, Jean
Châtel, Ravaillac, Damiens, Cartouche, etc., qui êtes
morts avec les formules prescrites, partagez à jamais à
ma droite mon empire et ma félicité. »

Vous reculez d'horreur à ces paroles ; et, après
qu'elles me sont échappées, je n'ai plus rien à vous
dire.

CHAPITRE XXIII

Ce n'est donc plus aux hommes que je m'adresse ; c'est à toi, Dieu de tous les êtres, de tous les mondes, et de tous les temps : s'il est permis à de faibles créatures perdues dans l'immensité, et imperceptibles au reste de l'univers, d'oser te demander quelque chose, à toi qui as tout donné, à toi dont les décrets sont immuables comme éternels, daigne regarder en pitié les erreurs attachées à notre nature ; que ces erreurs ne fassent point nos calamités. Tu ne nous as point donné un cœur pour nous haïr, et des mains pour nous égorger ; fais que nous nous aidions mutuellement à supporter le fardeau d'une vie pénible et passagère ; que les petites différences entre les vêtements qui couvrent nos débiles corps, entre tous nos langages insuffisants, entre tous nos usages ridicules, entre toutes nos lois imparfaites, entre toutes nos opinions insensées, entre toutes nos conditions si disproportionnées à nos yeux, et si égales devant toi ; que toutes ces petites nuances qui distinguent les atomes appelés *hommes* ne soient pas des signaux de haine et de persécution ; que ceux qui allument des cierges en plein midi pour te célébrer supportent ceux qui se contentent de la lumière de ton soleil ; que ceux qui couvrent leur robe d'une toile blanche pour dire qu'il faut t'aimer ne détestent pas ceux qui disent la même chose sous un manteau de laine noire ; qu'il soit égal de t'adorer dans un jargon formé d'une ancienne

langue, ou dans un jargon plus nouveau ; que ceux
dont l'habit est teint en rouge ou en violet, qui
dominent sur une petite parcelle d'un petit tas de la
boue de ce monde, et qui possèdent quelques
fragments arrondis d'un certain métal, jouissent sans
orgueil de ce qu'ils appellent *grandeur* et *richesse*, et
que les autres les voient sans envie : car tu sais qu'il
n'y a dans ces vanités ni de quoi envier, ni de quoi
s'enorgueillir.

Puissent tous les hommes se souvenir qu'ils sont
frères ! qu'ils aient en horreur la tyrannie exercée sur
les âmes, comme ils ont en exécration le brigandage
qui ravit par la force le fruit du travail et de l'industrie
paisible ! Si les fléaux de la guerre sont inévitables, ne
nous haïssons pas, ne nous déchirons pas les uns les
autres dans le sein de la paix, et employons l'instant de
notre existence à bénir également en mille langages
divers, depuis Siam jusqu'à la Californie, ta bonté qui
nous a donné cet instant.

CHAPITRE XXIV

POST-SCRIPTUM

Tandis qu'on travaillait à cet ouvrage, dans l'unique dessein de rendre les hommes plus compatissants et plus doux, un autre homme écrivait dans un dessein tout contraire : car chacun a son opinion. Cet homme faisait imprimer un petit code de persécution, intitulé l'*Accord de la religion et de l'humanité* [157] (c'est une faute de l'imprimeur : lisez *de l'inhumanité*).

L'auteur de ce saint libelle s'appuie sur saint Augustin, qui, après avoir prêché la douceur, prêcha enfin la persécution, attendu qu'il était alors le plus fort, et qu'il changeait souvent d'avis. Il cite aussi l'évêque de Meaux, Bossuet, qui persécuta le célèbre Fénelon, archevêque de Cambrai, coupable d'avoir imprimé que Dieu vaut bien la peine qu'on l'aime pour lui-même.

Bossuet était éloquent, je l'avoue ; l'évêque d'Hippone, quelquefois inconséquent, était plus disert que ne sont les autres Africains, je l'avoue encore ; mais je prendrai la liberté de dire à l'auteur de ce saint libelle, avec Armande, dans *Les Femmes savantes* :

> Quand sur une personne on prétend se régler,
> C'est par les beaux côtés qu'il lui faut ressembler.
>   (Acte I, scène i.)

Je dirai à l'évêque d'Hippone : Monseigneur, vous avez changé d'avis, permettez-moi de m'en tenir à votre première opinion ; en vérité, je la crois meilleure.

Je dirai à l'évêque de Meaux : Monseigneur, vous êtes un grand homme : je vous trouve aussi savant, pour le moins, que saint Augustin, et beaucoup plus éloquent ; mais pourquoi tant tourmenter votre confrère, qui était aussi éloquent que vous dans un autre genre, et qui était plus aimable ?

L'auteur du saint libelle sur l'inhumanité n'est ni un Bossuet ni un Augustin ; il me paraît tout propre à faire un excellent inquisiteur : je voudrais qu'il fût à Goa à la tête de ce beau tribunal. Il est, de plus, homme d'État, et il étale de grands principes de politique. « S'il y a chez vous, dit-il, beaucoup d'hétérodoxes, ménagez-les, persuadez-les ; s'il n'y en a qu'un petit nombre, mettez en usage la potence et les galères, et vous vous en trouverez fort bien » ; c'est ce qu'il conseille, à la page 89 et 90.

Dieu merci, je suis bon catholique, je n'ai point à craindre ce que les huguenots appellent *le martyre* ; mais si cet homme est jamais premier ministre, comme il paraît s'en flatter dans son libelle, je l'avertis que je pars pour l'Angleterre le jour qu'il aura ses lettres patentes.

En attendant, je ne puis que remercier la Providence de ce qu'elle permet que les gens de son espèce soient toujours de mauvais raisonneurs. Il va jusqu'à citer Bayle parmi les partisans de l'intolérance : cela est sensé et adroit ; et de ce que Bayle accorde qu'il faut punir les factieux et les fripons, notre homme en conclut qu'il faut persécuter à feu et à sang les gens de bonne foi qui sont paisibles.

Presque tout son livre est une imitation de l'*Apologie de la Saint-Barthélemy* [158]. C'est cet apologiste ou son écho. Dans l'un ou dans l'autre cas, il faut espérer que ni le maître ni le disciple ne gouverneront l'État.

Mais s'il arrive qu'ils en soient les maîtres, je leur présente de loin cette requête, au sujet de deux lignes de la page 93 du saint libelle :

« Faut-il sacrifier au bonheur du vingtième de la nation le bonheur de la nation entière ? »

Supposé qu'en effet il y ait vingt catholiques romains en France contre un huguenot, je ne prétends point que le huguenot mange les vingt catholiques ; mais aussi pourquoi ces vingt catholiques mangeraient-ils ce huguenot, et pourquoi empêcher ce huguenot de se marier ? N'y a-t-il pas des évêques, des abbés, des moines, qui ont des terres en Dauphiné, dans le Gévaudan, devers Agde, devers Carcassonne ? Ces évêques, ces abbés, ces moines, n'ont-ils pas des fermiers qui ont le malheur de ne pas croire à la transsubstantiation ? N'est-il pas de l'intérêt des évêques, des abbés, des moines et du public, que ces fermiers aient de nombreuses familles ? N'y aura-t-il que ceux qui communieront sous une seule espèce à qui il sera permis de faire des enfants ? En vérité cela n'est ni juste ni honnête.

« La révocation de l'édit de Nantes n'a point autant produit d'inconvénients qu'on lui en attribue », dit l'auteur.

Si en effet on lui en attribue plus qu'elle n'en a produit, on exagère, et le tort de presque tous les historiens est d'exagérer ; mais c'est aussi le tort de tous les controversistes de réduire à rien le mal qu'on leur reproche. N'en croyons ni les docteurs de Paris ni les prédicateurs d'Amsterdam.

Prenons pour juge M. le comte d'Avaux, ambassadeur en Hollande, depuis 1685 jusqu'en 1688. Il dit, page 181, tome V [159], qu'un seul homme avait offert de découvrir plus de vingt millions que les persécutés faisaient sortir de France. Louis XIV répond à M. d'Avaux : « Les avis que je reçois tous les jours d'un nombre infini de conversions ne me laissent plus douter que les plus opiniâtres ne suivent l'exemple des autres. »

On voit, par cette lettre de Louis XIV, qu'il était de très bonne foi sur l'étendue de son pouvoir. On lui disait tous les matins : Sire, vous êtes le plus grand roi de l'univers ; tout l'univers fera gloire de penser comme vous dès que vous aurez parlé. Pellisson, qui s'était enrichi dans la place de premier commis des finances ; Pellisson, qui avait été trois ans à la Bastille comme complice de Fouquet ; Pellisson, qui de calviniste était devenu diacre et bénéficier, qui faisait imprimer des prières pour la messe et des bouquets à Iris, qui avait obtenu la place des économats et de convertisseur ; Pellisson, dis-je, apportait tous les trois mois une grande liste d'abjurations à sept ou huit écus la pièce, et faisait accroire à son roi que, quand il voudrait, il convertirait tous les Turcs au même prix. On se relayait pour le tromper ; pouvait-il résister à la séduction ?

Cependant le même M. d'Avaux mande au roi qu'un nommé Vincent maintient plus de cinq cents ouvriers auprès d'Angoulême, et que sa sortie causera du préjudice : tome V, page 194.

Le même M. d'Avaux parle de deux régiments que le prince d'Orange fait déjà lever par les officiers français réfugiés ; il parle de matelots qui désertèrent de trois vaisseaux pour servir sur ceux du prince d'Orange. Outre ces deux régiments, le prince d'Orange forme encore une compagnie de cadets réfugiés, commandés par deux capitaines, page 240. Cet ambassadeur écrit encore, le 9 mai 1686, à M. de Seignelai, « qu'il ne peut lui dissimuler la peine qu'il a de voir les manufactures de France s'établir en Hollande, d'où elles ne sortiront jamais ».

Joignez à tous ces témoignages ceux de tous les intendants du royaume en 1699, et jugez si la révocation de l'édit de Nantes n'a pas produit plus de mal que de bien, malgré l'opinion du respectable auteur de l'*Accord de la religion et de l'inhumanité*.

Un maréchal de France connu par son esprit supérieur disait, il y a quelques années : « Je ne sais pas si la dragonnade a été nécessaire ; mais il est nécessaire de n'en plus faire. »

J'avoue que j'ai cru aller un peu trop loin, quand j'ai rendu publique la lettre du correspondant du P. Le Tellier, dans laquelle ce congréganiste propose des tonneaux de poudre [160]. Je me disais à moi-même : On ne m'en croira pas, on regardera cette lettre comme une pièce supposée. Mes scrupules heureusement ont été levés quand j'ai lu dans l'*Accord de la religion et de l'inhumanité*, page 149, ces douces paroles :

« L'extinction totale des protestants en France n'affaiblirait pas plus la France qu'une saignée n'affaiblit un malade bien constitué. »

Ce chrétien compatissant, qui a dit tout à l'heure que les protestants composent le vingtième de la nation, veut donc qu'on répande le sang de cette vingtième partie, et ne regarde cette opération que comme une saignée d'une palette ! Dieu nous préserve avec lui des trois vingtièmes !

Si donc cet honnête homme propose de tuer le vingtième de la nation, pourquoi l'ami du P. Le Tellier n'aurait-il pas proposé de faire sauter en l'air, d'égorger et d'empoisonner le tiers ? Il est donc très vraisemblable que la lettre au P. Le Tellier a été réellement écrite.

Le saint auteur finit enfin par conclure que l'intolérance est une chose excellente, « parce qu'elle n'a pas été, dit-il, condamnée expressément par Jésus-Christ ». Mais Jésus-Christ n'a pas condamné non plus ceux qui mettraient le feu aux quatre coins de Paris ; est-ce une raison pour canoniser les incendiaires ?

Ainsi donc, quand la nature fait entendre d'un côté sa voix douce et bienfaisante, le fanatisme, cet ennemi de la nature, pousse des hurlements ; et lorsque la paix se présente aux hommes, l'intolérance forge ses armes. O vous, arbitre des nations, qui avez donné la paix à l'Europe, décidez entre l'esprit pacifique et l'esprit meurtrier !

CHAPITRE XXV

SUITE ET CONCLUSION

Nous apprenons que le 7 mars 1763, tout le conseil d'État assemblé à Versailles, les ministres d'État y assistant, le chancelier y présidant, M. de Crosne, maître des requêtes, rapporta l'affaire des Calas avec l'impartialité d'un juge, l'exactitude d'un homme parfaitement instruit, l'éloquence simple et vraie d'un orateur homme d'État, la seule qui convienne dans une telle assemblée. Une foule prodigieuse de personnes de tout rang attendait dans la galerie du château la décision du conseil. On annonça bientôt au roi que toutes les voix, sans en excepter une, avaient ordonné que le parlement de Toulouse enverrait au conseil les pièces du procès, et les motifs de son arrêt qui avait fait expirer Jean Calas sur la roue. Sa Majesté approuva le jugement du conseil.

Il y a donc de l'humanité et de la justice chez les hommes, et principalement dans le conseil d'un roi aimé et digne de l'être. L'affaire d'une malheureuse famille de citoyens obscurs a occupé Sa Majesté, ses ministres, le chancelier et tout le conseil, et a été discutée avec un examen aussi réfléchi que les plus grands objets de la guerre et de la paix peuvent l'être. L'amour de l'équité, l'intérêt du genre humain, ont conduit tous les juges. Grâces en soient rendues à ce Dieu de clémence, qui seul inspire l'équité et toutes les vertus !

Nous attestons que nous n'avons jamais connu ni

cet infortuné Calas que les huit juges de Toulouse
firent périr sur les indices les plus faibles, contre les
ordonnances de nos rois, et contre les lois de toutes les
nations ; ni son fils Marc-Antoine, dont la mort
étrange a jeté ces huit juges dans l'erreur ; ni la mère,
aussi respectable que malheureuse ; ni ses innocentes
filles, qui sont venues avec elle de deux cents lieues
mettre leur désastre et leur vertu au pied du trône.

Ce Dieu sait que nous n'avons été animés que d'un
esprit de justice, de vérité, et de paix, quand nous
avons écrit ce que nous pensons de la tolérance, à
l'occasion de Jean Calas, que l'esprit d'intolérance a
fait mourir.

Nous n'avons pas cru offenser les huit juges de
Toulouse en disant qu'ils se sont trompés, ainsi que
tout le conseil l'a présumé : au contraire, nous leur
avons ouvert une voie de se justifier devant l'Europe
entière. Cette voie est d'avouer que des indices
équivoques et les cris d'une multitude insensée ont
surpris leur justice ; de demander pardon à la veuve, et
de réparer, autant qu'il est en eux, la ruine entière
d'une famille innocente, en se joignant à ceux qui la
secourent dans son affliction. Ils ont fait mourir le
père injustement : c'est à eux de tenir lieu de père aux
enfants, supposé que ces orphelins veuillent bien
recevoir d'eux une faible marque d'un très juste
repentir. Il sera beau aux juges de l'offrir, et à la
famille de la refuser.

C'est surtout au sieur David, capitoul de Toulouse,
s'il a été le premier persécuteur de l'innocence, à
donner l'exemple des remords. Il insulta un père de
famille mourant sur l'échafaud. Cette cruauté est bien
inouïe ; mais puisque Dieu pardonne, les hommes
doivent aussi pardonner à qui répare ses injustices.

On m'a écrit du Languedoc cette lettre du 20 février
1763.

. . . .

« Votre ouvrage sur la tolérance me paraît plein
d'humanité et de vérité ; mais je crains qu'il ne fasse

plus de mal que de bien à la famille des Calas. Il peut ulcérer les huit juges qui ont opiné à la roue ; ils demanderont au parlement qu'on brûle votre livre, et les fanatiques (car il y en a toujours) répondront par des cris de fureur à la voix de la raison, etc. »

Voici ma réponse :

« Les huit juges de Toulouse peuvent faire brûler mon livre, s'il est bon ; il n'y a rien de plus aisé : on a bien brûlé les *Lettres provinciales*, qui valaient sans doute beaucoup mieux ; chacun peut brûler chez lui les livres et papiers qui lui déplaisent.

« Mon ouvrage ne peut faire ni bien ni mal aux Calas, que je ne connais point. Le conseil du roi, impartial et ferme, juge suivant les lois, suivant l'équité, sur les pièces, sur les procédures, et non sur un écrit qui n'est point juridique, et dont le fond est absolument étranger à l'affaire qu'il juge.

« On aurait beau imprimer des in-folio pour ou contre les huit juges de Toulouse, et pour ou contre la tolérance, ni le conseil, ni aucun tribunal ne regardera ces livres comme des pièces du procès.

« Cet écrit sur la tolérance est une requête que l'humanité présente très humblement au pouvoir et à la prudence. Je sème un grain qui pourra un jour produire une moisson. Attendons tout du temps, de la bonté du roi, de la sagesse de ses ministres, et de l'esprit de raison qui commence à répandre partout sa lumière.

« La nature dit à tous les hommes : Je vous ai tous fait naître faibles et ignorants, pour végéter quelques minutes sur la terre, et pour l'engraisser de vos cadavres. Puisque vous êtes faibles, secourez-vous ; puisque vous êtes ignorants, éclairez-vous et support-ez-vous. Quand vous seriez tous du même avis, ce qui certainement n'arrivera jamais, quand il n'y aurait qu'un seul homme d'un avis contraire, vous devriez lui pardonner : car c'est moi qui le fais penser comme il pense. Je vous ai donné des bras pour cultiver la terre, et une petite lueur de raison pour vous conduire ; j'ai mis dans vos cœurs un germe de compassion pour vous aider les uns les autres à supporter la vie. N'étouffez pas ce germe, ne le corrompez pas, apprenez qu'il est divin, et ne substituez pas les misérables fureurs de l'école à la voix de la nature.

« C'est moi seule qui vous unis encore malgré vous par vos besoins mutuels, au milieu même de vos guerres cruelles si légèrement entreprises, théâtre éternel des fautes, des hasards, et des malheurs. C'est moi seule qui, dans une nation, arrête les suites funestes de la division interminable entre la noblesse et la magistrature, entre ces deux corps et celui du clergé, entre le bourgeois même et le cultivateur. Ils ignorent tous les bornes de leurs droits ; mais ils écoutent tous malgré eux, à la longue, ma voix qui parle à leur cœur. Moi seule je conserve l'équité dans les tribunaux, où tout serait livré sans moi à l'indécision et aux caprices, au milieu d'un amas confus de lois faites souvent au hasard et pour un besoin passager, différentes entre elles de province en province, de ville en ville, et presque toujours contradictoires entre elles dans le même lieu. Seule je peux inspirer la justice, quand les lois n'inspirent que la chicane. Celui qui m'écoute juge toujours bien ; et celui qui ne cherche qu'à concilier des opinions qui se contredisent est celui qui s'égare.

« Il y a un édifice immense dont j'ai posé le fondement de mes mains : il était solide et simple, tous les hommes pouvaient y entrer en sûreté ; ils ont voulu y ajouter les ornements les plus bizarres, les plus grossiers, et les plus inutiles ; le bâtiment tombe en ruine de tous les côtés ; les hommes en prennent les pierres, et se les jettent à la tête ; je leur crie : Arrêtez, écartez ces décombres funestes qui sont votre ouvrage, et demeurez avec moi en paix dans l'édifice inébranlable qui est le mien [161]. »

ARTICLE NOUVELLEMENT AJOUTÉ,

DANS LEQUEL
ON REND COMPTE DU DERNIER ARRÊT RENDU
EN FAVEUR DE LA FAMILLE DES CALAS.

Depuis le 7 mars 1763 jusqu'au jugement définitif, il se passa encore deux années : tant il est facile au fanatisme d'arracher la vie à l'innocence, et difficile à la raison de lui faire rendre justice. Il fallut essuyer des longueurs inévitables, nécessairement attachées aux formalités. Moins ces formalités avaient été observées dans la condamnation de Calas, plus elles devaient l'être rigoureusement par le conseil d'État. Une année entière ne suffit pas pour forcer le parlement de Toulouse à faire parvenir au conseil toute la procédure, pour en faire l'examen, pour le rapporter. M. de Crosne fut encore chargé de ce travail pénible. Une assemblée de près de quatre-vingts juges cassa l'arrêt de Toulouse, et ordonna la révision entière du procès.

D'autres affaires importantes occupaient alors presque tous les tribunaux du royaume. On chassait les jésuites ; on abolissait leur société en France : ils avaient été intolérants et persécuteurs ; ils furent persécutés à leur tour.

L'extravagance des billets de confession, dont on les crut les auteurs secrets, et dont ils étaient publiquement les partisans, avait déjà ranimé contre eux la haine de la nation. Une banqueroute immense d'un de leurs missionnaires [162], banqueroute que l'on crut en partie frauduleuse, acheva de les perdre. Ces seuls mots de *missionnaires* et de *banqueroutiers*, si peu faits pour être joints ensemble, portèrent dans tous les esprits l'arrêt de leur condamnation. Enfin les ruines de Port-Royal et les ossements de tant d'hommes célèbres insultés par eux dans leurs sépultures, et exhumés au commencement du siècle par des ordres que les jésuites seuls avaient dictés, s'élevèrent tous contre leur crédit expirant. On peut voir l'histoire de leur proscription dans l'excellent livre intitulé *Sur la Destruction des jésuites en France*[163], ouvrage impartial, parce qu'il est d'un philosophe, écrit avec la finesse et l'éloquence de Pascal, et surtout avec une supériorité de lumières qui n'est pas offusquée, comme dans Pascal, par des préjugés qui ont quelquefois séduit de grands hommes.

Cette grande affaire, dans laquelle quelques partisans des jésuites disaient que la religion était outragée, et où le plus grand nombre la croyait vengée, fit pendant plusieurs mois perdre de vue au public le procès des Calas ; mais le roi ayant attribué au tribunal qu'on appelle *les requêtes de l'hôtel* le jugement définitif, le même public, qui aime à passer d'une scène à l'autre, oublia les jésuites, et les Calas saisirent toute son attention.

La chambre des requêtes de l'hôtel est une cour souveraine composée de maîtres des requêtes, pour juger les procès entre les officiers de la cour et les causes que le roi leur renvoie. On ne pouvait choisir un tribunal plus instruit de l'affaire : c'étaient précisément les mêmes magistrats qui avaient jugé deux fois les préliminaires de la révision, et qui étaient parfaitement instruits du fond et de la forme. La veuve de Jean Calas, son fils, et le sieur de Lavaisse, se remirent en prison : on fit venir du fond du Languedoc cette vieille servante catholique qui n'avait pas quitté un moment ses maîtres et sa maîtresse, dans le temps qu'on supposait, contre toute vraisemblance, qu'ils étranglaient leur fils et leur frère. On délibéra enfin sur les mêmes pièces qui avaient servi à condamner Jean Calas à la roue, et son fils Pierre au bannissement.

Ce fut alors que parut un nouveau mémoire de

l'éloquent M. de Beaumont [164], et un autre du jeune
M. de Lavaisse, si injustement impliqué dans cette
procédure criminelle par les juges de Toulouse, qui,
pour comble de contradiction, ne l'avaient pas déclaré
absous. Ce jeune homme fit lui-même un factum qui
fut jugé digne par tout le monde de paraître à côté de
celui de M. de Beaumont. Il avait le double avantage
de parler pour lui-même et pour une famille dont il
avait partagé les fers. Il n'avait tenu qu'à lui de briser
les siens et de sortir des prisons de Toulouse, s'il avait
voulu seulement dire qu'il avait quitté un moment les
Calas dans le temps qu'on prétendait que le père et la
mère avaient assassiné leur fils. On l'avait menacé du
supplice ; la question et la mort avaient été présentées
à ses yeux ; un mot lui aurait pu rendre sa liberté : il
aima mieux s'exposer au supplice que de prononcer ce
mot, qui aurait été un mensonge. Il exposa tout ce
détail dans son factum, avec une candeur si noble, si
simple, si éloignée de toute ostentation, qu'il toucha
tous ceux qu'il ne voulait que convaincre, et qu'il se fit
admirer sans prétendre à la réputation.

Son père, fameux avocat, n'eut aucune part à cet
ouvrage : il se vit tout d'un coup égalé par son fils, qui
n'avait jamais suivi le barreau.

Cependant les personnes de la plus grande considération venaient en foule dans la prison de Mme Calas,
où ses filles s'étaient renfermées avec elle. On s'y
attendrissait jusqu'aux larmes. L'humanité, la générosité, leur prodiguaient des secours. Ce qu'on appelle la
charité ne leur en donnait aucun. La charité, qui
d'ailleurs est si souvent mesquine et insultante, est le
partage des dévots, et les dévots tenaient encore contre
les Calas.

Le jour arriva (9 mars 1765) où l'innocence triom-
pha pleinement. M. de Baquencourt ayant rapporté
toute la procédure, et ayant instruit l'affaire jusque
dans les moindres circonstances, tous les juges, d'une
voix unanime, déclarèrent la famille innocente, tor-
tionnairement et abusivement jugée par le parlement

de Toulouse. Ils réhabilitèrent la mémoire du père. Ils permirent à la famille de se pourvoir devant qui il appartiendrait pour prendre ses juges à partie, et pour obtenir les dépens, dommages et intérêts que les magistrats toulousains auraient dû offrir d'eux-mêmes.

Ce fut dans Paris une joie universelle : on s'attroupait dans les places publiques, dans les promenades ; on accourait pour voir cette famille si malheureuse et si bien justifiée ; on battait des mains en voyant passer les juges, on les comblait de bénédictions. Ce qui rendait encore ce spectacle plus touchant, c'est que ce jour, neuvième mars, était le jour même où Calas avait péri par le plus cruel supplice (trois ans auparavant).

Messieurs les maîtres des requêtes avaient rendu à la famille Calas une justice complète, et en cela ils n'avaient fait que leur devoir. Il est un autre devoir, celui de la bienfaisance, plus rarement rempli par les tribunaux, qui semblent se croire faits pour être seulement équitables. Les maîtres des requêtes arrêtèrent qu'ils écriraient en corps à Sa Majesté pour la supplier de réparer par ses dons la ruine de la famille. La lettre fut écrite. Le roi y répondit en faisant délivrer trente-six mille livres à la mère et aux enfants ; et de ces trente-six mille livres, il y en eut trois mille pour cette servante vertueuse qui avait constamment défendu la vérité en défendant ses maîtres.

Le roi, par cette bonté, mérita, comme par tant d'autres actions, le surnom que l'amour de la nation lui a donné [165]. Puisse cet exemple servir à inspirer aux hommes la tolérance, sans laquelle le fanatisme désolerait la terre, ou du moins l'attristerait toujours ! Nous savons qu'il ne s'agit ici que d'une seule famille, et que la rage des sectes en a fait périr des milliers ; mais aujourd'hui qu'une ombre de paix laisse reposer toutes les sociétés chrétiennes, après des siècles de carnage, c'est dans ce temps de tranquillité que le malheur des Calas doit faire une plus grande impression, à peu près comme le tonnerre qui tombe dans la sérénité d'un beau jour. Ces cas sont rares, mais ils arrivent, et ils sont l'effet de cette sombre superstition qui porte les âmes faibles à imputer des crimes à quiconque ne pense pas comme elles.

FIN DU TRAITÉ SUR LA TOLÉRANCE

NOTES

1. 12 octobre 1761. (*Note de Voltaire.*)

2. On ne lui trouva, après le transport du cadavre à l'hôtel de ville, qu'une petite égratignure au bout du nez, et une petite tache sur la poitrine, causée par quelque inadvertance dans le transport du corps. (*Note de Voltaire.*)

3. En réalité cette procession avait lieu, non pas le 10 mars comme le croyait Voltaire, mais le 17 mai, en mémoire de la victoire remportée par les catholiques sur les protestants en mai 1562. (M.) — Nous désignons par (B.) une note de Beuchot, *Œuvres de Voltaire*, 1829-1834, par (M.) une note de Moland, *Œuvres complètes de Voltaire*, 1877-1885.

4. Le curé de Saint-Étienne ne protesta nullement, et disputa même le droit d'inhumation au curé du Taur, sur le territoire duquel se trouvait l'hôtel de ville. (M.)

5. Voyez la note de la page 33. (M.)

6. Lasalle. (M.)

7. Laborde. (M.)

8. Je ne connais que deux exemples de pères accusés dans l'histoire d'avoir assassiné leurs fils pour la religion :

Le premier est du père de sainte Barbara, que nous nommons sainte Barbe. Il avait commandé deux fenêtres dans sa salle de bains ; Barbe, en son absence, en fit une troisième en l'honneur de la sainte Trinité ; elle fit, *du bout du doigt*, le signe de la croix sur des colonnes de marbre, et ce signe se grava profondément dans les colonnes. Son père, en colère, courut après elle l'épée à la main ; mais elle s'enfuit à travers une montagne qui s'ouvrit pour elle. Le père fit le tour de la montagne, et rattrapa sa fille ; on la fouetta toute nue, mais Dieu la couvrit d'un nuage blanc ; enfin son père lui trancha la tête. Voilà ce que rapporte la *Fleur des saints*.

Le second exemple est le prince Herménégilde. Il se révolta contre le roi son père, lui donna bataille en 584, fut vaincu et tué par un officier : on en a fait un martyr, parce que son père était arien. (*Note de Voltaire.*)

9. Un jacobin vint dans mon cachot, et me menaça du même

genre de mort si je n'abjurais pas : c'est ce que j'atteste devant Dieu. 23 juillet 1762. PIERRE CALAS. (*Note de Voltaire.*)

10. Elle fut logée chez MM. Dufour et Mallet, banquiers, puis accueillie par d'Argental et Damilaville. (M.)

11. *Mémoire à consulter, et Consultation pour la dame Anne-Rose Cabibel, veuve Calas, et pour ses enfants, 23 août 1762.* (M.)

12. *Mémoire pour Donat, Pierre et Louis Calas.* (M.)

13. *Mémoire pour dame Anne-Rose Cabibel, veuve du sieur Jean Calas, L. et L.-D. Calas, leurs fils, et Anne-Rose et Anne Calas, leurs filles, demandeurs en cassation d'un arrêt du parlement de Toulouse, du 9 mars 1762.* (M.)

14. On les a contrefaits dans plusieurs villes, et la dame Calas a perdu le fruit de cette générosité. (*Note de Voltaire.*)

15. Choiseul s'occupait alors à faire la paix avec l'Angleterre. (M.)

16. *Dévot* vient du mot latin *devotus*. Les *devoti* de l'ancienne Rome étaient ceux qui se dévouaient pour le salut de la république : c'étaient les Curtius, les Decius. (*Note de Voltaire.*)

17. Allusion à l'ouvrage apologétique de l'abbé Houtteville, *La Religion chrétienne prouvée par les faits*, Paris, 1722.

18. C'est-à-dire des conseillers du parlement. (M.)

19. Les annates étaient la redevance que payaient au Saint-Siège les détenteurs d'un bénéfice ecclésiastique. Elles furent abolies par l'Assemblée constituante en 1789.

20. Ils renouvelaient le sentiment de Bérenger sur l'Eucharistie ; ils niaient qu'un corps pût être en cent mille endroits différents, même par la toute-puissance divine ; ils niaient que les attributs pussent subsister sans sujet ; ils croyaient qu'il était absolument impossible que ce qui est pain et vin aux yeux, au goût, à l'estomac, fût anéanti dans le moment même qu'il existe ; ils soutenaient toutes ces erreurs, condamnées autrefois dans Bérenger. Ils se fondaient sur plusieurs passages des premiers Pères de l'Église, et surtout de saint Justin, qui dit expressément dans son dialogue contre Tryphon : « L'oblation de la fine farine... est la figure de l'eucharistie que Jésus-Christ nous ordonne de faire en mémoire de sa Passion. » καὶ ἡ τῆς σεμιδάλεως... τύπος ἦν τοῦ ἄρτου τῆς εὐχαριστίας, ὅν εἰς ἀνάμνησιν Ἰησοῦς Χριστὸς ὁ κύριος ἡμῶν παρέδωκε ποιεῖν. (Page 119, *Edit. Londinensis*, 1719, in-8°.)

Ils rappelaient tout ce qu'on avait dit dans les premiers siècles contre le culte des reliques ; ils citaient ces paroles de Vigilantius : « Est-il nécessaire que vous respectiez ou même que vous adoriez une vile poussière ? Les âmes des martyrs animent-elles encore leurs cendres ? Les coutumes des idolâtres se sont introduites dans l'Église : on commence à allumer des flambeaux en plein midi. Nous pouvons pendant notre vie prier les uns pour les autres ; mais après la mort, à quoi servent ces prières ? »

Mais ils ne disaient pas combien saint Jérôme s'était élevé contre ces paroles de Vigilantius. Enfin ils voulaient tout rappeler aux temps apostoliques, et ne voulaient pas convenir que, l'Église s'étant étendue et fortifiée, il avait fallu nécessairement étendre et fortifier sa discipline : ils condamnaient les richesses, qui semblaient pourtant nécessaires pour soutenir la majesté du culte. (*Note de Voltaire.*)

21. Le véridique et respectable président de Thou parle ainsi de ces hommes si innocents et si infortunés : « Homines esse qui trecentis circiter abhinc annis asperum et incultum solum vectigale a dominis acceperint, quod improbo labore et assiduo cultu frugum ferax et aptum pecori reddiderint; patientissimos eos laboris et inediæ, a litibus abhorrentes, erga egenos munificos, tributa principi et sua jura dominis sedulo et summa fide pendere; Dei cultum assiduis precibus et morum innocentia præ se ferre, cæterum raro divorum templa adire, nisi si quando ad vicina suis finibus oppida mercandi aut negotiorum causa divertant; quo si quandoque pedem inferant, non Dei divorumque statuis advolvi, nec cereos eis aut donoria ulla ponere; non sacerdotes ab eis rogari ut pro se aut propinquorum manibus rem divinam faciant : non cruce frontem insignire uti aliorum moris est; cum cœlum intonat, non se lustrali aqua aspergere, sed sublatis in cœlum oculis Dei opem implorare; non religionis ergo peregre proficisci, non per vias ante crucium simulacra caput aperire; sacra alio ritu et populari lingua celebrare; non denique pontifici aut episcopis honorem deferre, sed quosdam e suo numero delectos pro antistitibus et doctoribus habere. Hæc uti ad Franciscum relata vi id. feb., anni, etc. » (Thuani, *Hist.*, lib. VI.)

Mme de Cental, à qui appartenait une partie des terres ravagées, et sur lesquelles on ne voyait que les cadavres de ses habitants, demanda justice au roi Henri II, qui la renvoya au parlement de Paris. L'avocat général de Provence, nommé Guérin, principal auteur des massacres, fut seul condamné à perdre la tête. De Thou dit qu'il porta seul la peine des autres coupables, *quod aulicorum favore destitueretur*, parce qu'il n'avait pas d'amis à la cour. (*Note de Voltaire.*)

22. Ravaillac n'avait pas été feuillant. (M.)

23. François Gomar était un théologien protestant; il soutint, contre Arminius son collègue, que Dieu a destiné de toute éternité la plus grande partie des hommes à être brûlés éternellement : ce dogme infernal fut soutenu, comme il devait l'être, par la persécution. Le grand pensionnaire Barneveldt, qui était du parti contraire à Gomar, eut la tête tranchée à l'âge de soixante-douze ans, le 13 mai 1619, « pour avoir contristé au possible l'Église de Dieu ». (*Note de Voltaire.*)

24. Un déclamateur, dans l'apologie de la révocation de l'édit de Nantes, dit en parlant de l'Angleterre : « Une fausse religion devait produire nécessairement de tels fruits; il en restait un à mûrir, ces insulaires le recueillent, c'est le mépris des nations. » Il faut avouer que l'auteur prend bien mal son temps pour dire que les Anglais sont méprisables et méprisés de toute la terre. Ce n'est pas, ce me semble, lorsqu'une nation signale sa bravoure et sa générosité, lorsqu'elle est victorieuse dans les quatre parties du monde, qu'on

est bien reçu à dire qu'elle est méprisable et méprisée. C'est dans un chapitre sur l'intolérance qu'on trouve ce singulier passage ; ceux qui prêchent l'intolérance méritent d'écrire ainsi. Cet abominable livre, qui semble fait par le fou de Verberie, est d'un homme sans mission : car quel pasteur écrirait ainsi ? La fureur est poussée dans ce livre jusqu'à justifier la Saint-Barthélemy. On croirait qu'un tel ouvrage, rempli de si affreux paradoxes, devrait être entre les mains de tout le monde, au moins par sa singularité ; cependant à peine est-il connu. *(Note de Voltaire.)* — Le déclamateur objet de cette note est l'abbé de Caveyrac, qui, à la page 362 de son *Apologie de Louis XIV sur la Révocation de l'Édit de Nantes, avec une dissertation sur la journée de la Saint-Barthélemy,* 1758, a écrit en effet la phrase citée par Voltaire. Les Français, dans la guerre de Sept Ans, furent malheureux dans les quatre parties du monde. (M.) — Selon Voltaire « le fou de Verberie » était un pauvre homme, à l'esprit dérangé, « qui dans un souper chez des moines avait proféré des paroles insensées et qui fut pendu au lieu d'être purgé et saigné ». *(Dictionnaire philosophique,* « Supplices ».)

25. La province d'Alsace fut rattachée au royaume de France après la promulgation de l'Édit de Nantes. L'Édit n'y était pas appliqué et n'y fut donc pas « révoqué ». De plus, le roi avait le souci de ne pas s'aliéner, dans l'Allemagne proche, ses alliés protestants. Aussi la persécution épargna-t-elle les luthériens d'Alsace.

26. Voyez Rycaut. *(Note de Voltaire.)* — Rycaut est l'auteur d'une *Histoire de l'état présent de l'Église grecque,* 1696.

27. Les descendants de Noé, ou noachides, étaient censés pratiquer une religion naturelle primitive, antérieure à toute Révélation, qui se serait conservée en Chine.

28. Le bouddhisme, Fô étant le nom chinois du Bouddha.

29. Les *Lettres édifiantes et curieuses,* périodique des jésuites, inséraient (après censure) les lettres des missionnaires de la Société. Elles sont en Europe, au XVIIIe siècle, la principale source d'information sur la Chine.

30. Voltaire raconte au chapitre 179 de l'*Essai sur les mœurs* la conspiration des poudres contre le roi d'Angleterre (1605). Des catholiques fanatiques, mécontents de Jacques Ier, avaient décidé de faire périr en un seul attentat le roi, la famille royale et tous les pairs du royaume. Trente-six tonneaux de poudre furent disposés sous la salle du Parlement où Jacques Ier devait prendre la parole. Mais la machine infernale fut découverte à temps.

31. Voyez Kempfer et toutes les relations du Japon. *(Note de Voltaire.)*

32. Les deux mots grecs dont ce nom est formé signifient *ami* et *frère.* (M.)

33. Allusion au jugement de Salomon. (M.)

34. M. de La Bourdonnaie, intendant de Rouen, dit que la manufacture de chapeaux est tombée à Caudebec et à Neuchâtel par la fuite des réfugiés. M. Foucaut, intendant de Caen, dit que le commerce est tombé de moitié dans la généralité. M. de Maupeou,

intendant de Poitiers, dit que la manufacture de droguet est anéantie. M. de Bezons, intendant de Bordeaux, se plaint que le commerce de Clérac et de Nérac ne subsiste presque plus. M. de Miroménil, intendant de Touraine, dit que le commerce de Tours est diminué de dix millions par année; et tout cela, par la persécution. (Voyez les *Mémoires des intendants*, en 1698.) Comptez surtout le nombre des officiers de terre et de mer, et des matelots, qui ont été obligés d'aller servir contre la France, et souvent avec un funeste avantage, et voyez si l'intolérance n'a pas causé quelque mal à l'État.

On n'a pas ici la témérité de proposer des vues à des ministres dont on connaît le génie et les grands sentiments, et dont le cœur est aussi noble que la naissance : ils verront assez que le rétablissement de la marine demande quelque indulgence pour les habitants de nos côtes. (*Note de Voltaire.*) — Les deux ministres dont Voltaire fait l'éloge sont le duc de Choiseul-Stainville, et son cousin le duc de Praslin. (M.)

35. Voltaire ne mentionne pas les juifs d'Avignon et du Comtat Venaissin : ces territoires, appartenant au pape, ne faisaient pas partie du royaume de France avant la Révolution.

36. Vers 1730, dans la capitale, au cimetière Saint-Médard, la tombe du diacre Pâris, très populaire dans le petit peuple janséniste, était le théâtre de manifestations hystériques : les « convulsions ». Les « prophètes calvinistes » : ceux de la révolte des Camisards.

37. Voltaire suppose que l'*Apologie de Socrate* de Platon constitue le plaidoyer réellement prononcé devant les juges.

38. Cet homme est l'abbé de Malvaux, qui publia, en 1762, *L'Accord de la religion et de l'humanité sur l'intolérance*, ouvrage dont il est parlé dans le *post-scriptum* (ch. XXIV du *Traité de la Tolérance*), et qui fit rejaillir sur l'auteur une partie de la juste indignation que s'était attirée son devancier, l'abbé de Caveyrac, en se faisant l'apologiste de la Saint-Barthélemy. C'est à ce dernier que quelques personnes attribuent *L'Accord, etc.* J'ai suivi l'opinion d'Hébraïl. (B.)

39. Voici le texte de Cicéron : « Quæve anus tam excors inveniri potest, quæ illa, quæ quondam credebantur, apud inferos portenta extimescat. » (*De Natura deorum*, lib. II, cap. II.) (M.)

40. Chapitres XXI et XXIV. (*Note de Voltaire.*)

41. *Actes*, chapitre XXV, v. 16. (*Note de Voltaire.*)

42. *Actes*, chapitre XXVI, v. 24. (*Note de Voltaire.*)

43. Quoique les Juifs n'eussent pas le droit du glaive depuis qu'Archélaüs avait été relégué chez les Allobroges, et que la Judée était gouvernée en province de l'empire, cependant les Romains fermaient souvent les yeux quand les Juifs exerçaient le jugement du zèle, c'est-à-dire quand, dans une émeute subite, ils lapidaient par zèle celui qu'ils croyaient avoir blasphémé. (*Note de Voltaire.*)

44. *Actes*, chap. VII, verset 57. (M.)

45. Ulpianus, *Digest.*, lib. I, tit. II. « Eis qui judaicam superstitionem sequuntur honores adipisci permiserunt, etc. » (*Note de Voltaire.*)

46. Tacite dit (*Annales*, XV, 44) : « Quos per flagitia invisos vulgus christianos appellabat. »

Il était bien difficile que le nom de chrétien fût déjà connu à Rome : Tacite écrivait sous Vespasien et sous Domitien ; il parlait des chrétiens comme on en parlait de son temps. J'oserais dire que ces mots *odio humani generis convicti* pourraient bien signifier, dans le style de Tacite, *convaincus d'être haïs du genre humain*, autant que *convaincus de haïr le genre humain*.

En effet, que faisaient à Rome ces premiers missionnaires ? Ils tâchaient de gagner quelques âmes, ils leur enseignaient la morale la plus pure ; ils ne s'élevaient contre aucune puissance ; l'humilité de leur cœur était extrême comme celle de leur état et de leur situation ; à peine étaient-ils connus ; à peine étaient-ils séparés des autres Juifs : comment le genre humain, qui les ignorait, pouvait-il les haïr ? Et comment pouvaient-ils être convaincus de détester le genre humain ?

Lorsque Londres brûla, on en accusa les catholiques ; mais c'était après des guerres de religion, c'était après la conspiration des poudres, dont plusieurs catholiques, indignes de l'être, avaient été convaincus.

Les premiers chrétiens du temps de Néron ne se trouvaient pas assurément dans les mêmes termes. Il est très difficile de percer dans les ténèbres de l'histoire ; Tacite n'apporte aucune raison du soupçon qu'on eut que Néron lui-même eût voulu mettre Rome en cendres. On aurait été bien mieux fondé de soupçonner Charles II d'avoir brûlé Londres : le sang du roi son père, exécuté sur un échafaud aux yeux du peuple qui demandait sa mort, pouvait au moins servir d'excuse à Charles II ; mais Néron n'avait ni excuse, ni prétexte, ni intérêt. Ces rumeurs insensées peuvent être en tout pays le partage du peuple : nous en avons entendu de nos jours d'aussi folles et d'aussi injustes.

Tacite, qui connaît si bien le naturel des princes, devait connaître celui du peuple, toujours vain, toujours outré dans ses opinions violentes et passagères, incapable de rien voir, et capable de tout dire, de tout croire, et de tout oublier.

Philon (*De Virtutibus, et Legatione ad Caium*) dit que « Séjan les persécuta sous Tibère, mais qu'après la mort de Séjan l'empereur les rétablit dans tous leurs droits ». Ils avaient celui des citoyens romains, tout méprisés qu'ils étaient des citoyens romains ; ils avaient part aux distributions de blé ; et même, lorsque la distribution se faisait un jour de sabbat, on remettait la leur à un autre jour : c'était probablement en considération des sommes d'argent qu'ils avaient données à l'État, car en tout pays ils ont acheté la tolérance, et se sont dédommagés bien vite de ce qu'elle avait coûté.

Ce passage de Philon explique parfaitement celui de Tacite, qui dit qu'on envoya quatre mille Juifs ou Égyptiens en Sardaigne, et que si l'intempérie du climat les eût fait périr, c'eût été une perte légère, *vile damnum* (*Annales*, II, 85).

J'ajouterai à cette remarque que Philon regarde Tibère comme un prince sage et juste. Je crois bien qu'il n'était juste qu'autant que cette justice s'accordait avec ses intérêts ; mais le bien que Philon en dit me fait un peu douter des horreurs que Tacite et Suétone lui reprochent. Il ne me paraît point vraisemblable qu'un vieillard infirme, de soixante et dix ans, se soit retiré dans l'île de Caprée pour s'y livrer à des débauches recherchées, qui sont à peine dans la nature, et qui étaient même inconnues à la jeunesse de Rome la plus effrénée ; ni Tacite ni Suétone n'avaient connu cet empereur ; ils recueillaient avec plaisir des bruits populaires. Octave, Tibère, et leurs successeurs, avaient été odieux, parce qu'ils régnaient sur un peuple qui devait être libre : les historiens se plaisaient à les diffamer, et on croyait ces historiens sur leur parole parce qu'alors on manquait de mémoires, de journaux du temps, de documents : aussi les historiens ne citent personne ; on ne pouvait les contredire ; ils diffamaient qui ils voulaient, et décidaient à leur gré du jugement de la postérité. C'est au lecteur sage de voir jusqu'à quel point on doit se défier de la véracité des historiens, quelle créance on doit avoir pour des faits publics attestés par des auteurs graves, nés dans une nation éclairée, et quelles bornes on doit mettre à sa crédulité sur des anecdotes que ces mêmes auteurs rapportent sans aucune preuve. *(Note de Voltaire.)*

47. Nous respectons assurément tout ce que l'Église rend respectable ; nous invoquons les saints martyrs, mais en révérant saint Laurent, ne peut-on pas douter que saint Sixte lui ait dit : *Vous me suivrez dans trois jours ;* que dans ce court intervalle le préfet de Rome lui ait fait demander l'argent des chrétiens ; que le diacre Laurent ait eu le temps de faire assembler tous les pauvres de la ville ; qu'il ait marché devant le préfet pour le mener à l'endroit où étaient ces pauvres ; qu'on lui ait fait son procès ; qu'il ait subi la question ; que le préfet ait commandé à un forgeron un gril assez grand pour y rôtir un homme ; que le premier magistrat de Rome ait assisté lui-même à cet étrange supplice ; que saint Laurent sur ce gril ait dit : « Je suis assez cuit d'un côté, fais-moi retourner de l'autre si tu veux me manger ? » Ce gril n'est guère dans le génie des Romains ; et comment se peut-il faire qu'aucun auteur païen n'ait parlé d'aucune de ces aventures ? *(Note de Voltaire.)*

48. Il n'y a qu'à ouvrir Virgile pour voir que les Romains reconnaissaient un Dieu suprême, souverain de tous les êtres célestes.

> ... O ! qui res hominumque deumque
> Æternis regis imperiis, et fulmine terres.
> (Æn., I, 233-34.)

> O pater, o hominum divumque æterna potestas, etc.
> (Æn., X, 18.)

Horace s'exprime bien plus fortement :

> Unde nil majus generatur ipso,
> Nec viget quidquam simile, aut secundum.
> (Lib. I, od. XII, 17-18.)

On ne chantait autre chose que l'unité de Dieu dans les mystères auxquels presque tous les Romains étaient initiés. Voyez le bel hymne d'Orphée ; lisez la lettre de Maxime de Madaure à saint Augustin, dans laquelle il dit « qu'il n'y a que des imbéciles qui puissent ne pas reconnaître un Dieu souverain ». Longinien étant païen écrit au même saint Augustin que Dieu « est unique, incompréhensible, ineffable » ; Lactance lui-même, qu'on ne peut accuser d'être trop indulgent, avoue, dans son livre V (*Divin. Institut.*, c. III), que « les Romains soumettent tous les dieux au Dieu suprême ; *illos subjicit et mancipat Deo* ». Tertullien même, dans son *Apologétique* (c. XXIV), avoue que tout l'empire reconnaissait un Dieu maître du monde, dont la puissance et la majesté sont infinies, *principem mundi, perfectœ potentiœ et majestatis*. Ouvrez surtout Platon, le maître de Cicéron dans la philosophie, vous y verrez « qu'il n'y a qu'un Dieu ; qu'il faut l'adorer, l'aimer, travailler à lui ressembler par la sainteté et par la justice ». Épictète dans les fers, Marc-Antoine sur le trône, disent la même chose en cent endroits. (*Note de Voltaire.*)

49. Chapitre XXXIX. (*Note de Voltaire.*)

50. Chapitre XXXV. (*Note de Voltaire.*)

51. Chapitre III. (*Note de Voltaire.*)

52. Cette assertion doit être prouvée. Il faut convenir que, depuis que l'histoire a succédé à la fable, on ne voit dans les Égyptiens qu'un peuple aussi lâche que superstitieux. Cambyse s'empare de l'Égypte par une seule bataille ; Alexandre y donne des lois sans essuyer un seul combat, sans qu'aucune ville ose attendre un siège ; les Ptolémées s'en emparent sans coup férir ; César et Auguste la subjuguent aussi aisément ; Omar prend toute l'Égypte en une seule campagne ; les Mamelucks, peuple de la Colchide et des environs du mont Caucase, en sont les maîtres après Omar ; ce sont eux, et non les Égyptiens, qui défont l'armée de saint Louis, et qui prennent ce roi prisonnier. Enfin, les Mamelucks étant devenus Égyptiens, c'est-à-dire mous, lâches, inappliqués, volages, comme les habitants naturels de ce climat, ils passent en trois mois sous le joug de Sélim Ier, qui fait pendre leur soudan, et qui laisse cette province annexée à l'empire des Turcs, jusqu'à ce que d'autres barbares s'en emparent un jour.

Hérodote rapporte que, dans les temps fabuleux, un roi égyptien nommé Sésostris sortit de son pays dans le dessein formel de conquérir l'univers : il est visible qu'un tel dessein n'est digne que de Picrochole ou de don Quichotte ; et sans compter que le nom de Sésostris n'est point égyptien, on peut mettre cet événement, ainsi que tous les faits antérieurs, au rang des *Mille et Une Nuits*. Rien n'est plus commun chez les peuples conquis que de débiter des fables sur leur ancienne grandeur, comme, dans certains pays, certaines misérables familles se font descendre d'antiques souverains. Les prêtres d'Égypte contèrent à Hérodote que ce roi qu'il appelle Sésostris était allé subjuguer la Colchide : c'est comme si l'on disait qu'un roi de France partit de la Touraine pour aller subjuguer la Norvège.

On a beau répéter tous ces contes dans mille et mille volumes, ils n'en sont pas plus vraisemblables ; il est bien plus naturel que les habitants robustes et féroces du Caucase, les Colchidiens, et les autres Scythes, qui vinrent tant de fois ravager l'Asie, aient pénétré jusqu'en Égypte ; et si les prêtres de Colchos rapportèrent ensuite chez eux la mode de la circoncision, ce n'est pas une preuve qu'ils aient été subjugués par les Égyptiens. Diodore de Sicile rapporte que tous les rois vaincus par Sésostris venaient tous les ans du fond de leurs royaumes lui apporter leurs tributs, et que Sésostris se servait d'eux comme de chevaux de carrosse, qu'il les faisait atteler à son char pour aller au temple. Ces histoires de Gargantua sont tous les jours fidèlement copiées. Assurément ces rois étaient bien bons de venir de si loin servir ainsi de chevaux.

Quant aux pyramides et aux autres antiquités, elles ne prouvent autre chose que l'orgueil et le mauvais goût des princes d'Égypte, ainsi que l'esclavage d'un peuple imbécile, employant ses bras, qui étaient son seul bien, à satisfaire la grossière ostentation de ses maîtres. Le gouvernement de ce peuple, dans les temps mêmes que l'on vante si fort, paraît absurde et tyrannique ; on prétend que toutes les terres appartenaient à leurs monarques. C'était bien à de pareils esclaves à conquérir le monde !

Cette profonde science des prêtres égyptiens est encore un des plus énormes ridicules de l'histoire ancienne, c'est-à-dire de la fable. Des gens qui prétendaient que dans le cours d'onze mille années le soleil s'était levé deux fois au couchant, et couché deux fois au levant, en recommençant son cours, étaient sans doute, bien au-dessous de l'auteur de l'*Almanach de Liège*. La religion de ces prêtres, qui gouvernaient l'État, n'était pas comparable à celle des peuples les plus sauvages de l'Amérique : on sait qu'ils adoraient des crocodiles, des singes, des chats, des oignons ; et il n'y a peut-être aujourd'hui dans toute la terre que le culte du grand lama qui soit aussi absurde.

Leurs arts ne valent guère mieux que leur religion ; il n'y a pas une seule ancienne statue égyptienne qui soit supportable, et tout ce qu'ils ont eu de bon a été fait dans Alexandrie, sous les Ptolémées et sous les Césars, par des artistes de Grèce : ils ont eu besoin d'un Grec pour apprendre la géométrie.

L'illustre Bossuet s'extasie sur le mérite égyptien, dans son *Discours sur l'Histoire universelle* adressé au fils de Louis XIV. Il peut éblouir un jeune prince ; mais il contente bien peu les savants : c'est une très éloquente déclamation, mais un historien doit être plus philosophe qu'orateur. Au reste, on ne donne cette réflexion sur les Égyptiens que comme une conjecture : quel autre nom peut-on donner à tout ce qu'on dit de l'Antiquité ? *(Note de Voltaire.)*

53. On ne révoque point en doute la mort de saint Ignace ; mais qu'on lise la relation de son martyre, un homme de bon sens ne sentira-t-il pas quelques doutes s'élever dans son esprit ? L'auteur inconnu de cette relation dit que « Trajan crut qu'il manquerait quelque chose à sa gloire s'il ne soumettait à son empire le dieu des chrétiens ». Quelle idée ! Trajan était-il un homme qui voulût

triompher des dieux ? Lorsque Ignace parut devant l'empereur, ce prince lui dit : « Qui es-tu, esprit impur ? » Il n'est guère vraisemblable qu'un empereur ait parlé à un prisonnier, et qu'il l'ait condamné lui-même ; ce n'est pas ainsi que les souverains en usent. Si Trajan fit venir Ignace devant lui il ne lui demanda pas : *Qui estu ?* il le savait bien. Ce mot *esprit impur* a-t-il pu être prononcé par un homme comme Trajan ? Ne voit-on pas que c'est une expression d'exorciste, qu'un chrétien met dans la bouche d'un empereur ? Est-ce là, bon Dieu ! le style de Trajan ?

Peut-on imaginer qu'Ignace lui ait répondu qu'il se nommait Théophore, parce qu'il portait Jésus dans son cœur, et que Trajan eût disserté avec lui sur Jésus-Christ ? On fait dire à Trajan, à la fin de la conversation : « Nous ordonnons qu'Ignace, qui se glorifie de porter en lui le crucifié, sera mis aux fers, etc. » Un sophiste ennemi des chrétiens, pouvait appeler Jésus-Christ *le crucifié ;* mais il n'est guère probable que, dans un arrêt, on se fût servi de ce terme. Le supplice de la croix était si usité chez les Romains qu'on ne pouvait, dans le style des lois, désigner par *le crucifié* l'objet du culte des chrétiens ; et ce n'est pas ainsi que les lois et les empereurs prononcent leurs jugements.

On fait ensuite écrire une longue lettre par saint Ignace aux chrétiens de Rome : « Je vous écris, dit-il, tout enchaîné que je suis. » Certainement, s'il lui fut permis d'écrire aux chrétiens de Rome, ces chrétiens n'étaient donc pas recherchés ; Trajan n'avait donc pas dessein de soumettre leur Dieu à son empire ; ou si ces chrétiens étaient sous le fléau de la persécution, Ignace commettait une très grande imprudence en leur écrivant : c'était les exposer, les livrer, c'était se rendre leur délateur.

Il semble que ceux qui ont rédigé ces actes devaient avoir plus d'égards aux vraisemblances et aux convenances. Le martyre de saint Polycarpe fait naître plus de doutes. Il est dit qu'une voix cria du haut du ciel : *Courage, Polycarpe !* que les chrétiens l'entendirent, mais que les autres n'entendirent rien : il est dit que quand on eut lié Plycarpe au poteau, et que le bûcher fut en flammes, ces flammes s'écartèrent de lui, et formèrent un arc au-dessus de sa tête ; qu'il en sortit une colombe ; que le saint, respecté par le feu, exhala une odeur d'aromate qui embauma toute l'assemblée, mais que celui dont le feu n'osait approcher ne put résister au tranchant du glaive. Il faut avouer qu'on doit pardonner à ceux qui trouvent dans ces histoires plus de piété que de vérité. *(Note de Voltaire.)*

54. *Histoire ecclésiastique,* liv. VIII. *(Note de Voltaire.)*

55. Daniel, chapitre III. (M.)

56. Voyez ci-dessus note 3.

57. La guerre de Sept Ans, terminée par le traité du 10 février 1763. (M.)

58. La grande loi de l'attraction. (M.)

59. Le parlement de Paris avait, le 8 juin 1763, rendu un arrêt contre l'inoculation. (M.)

60. Voyez l'excellente Lettre de Locke sur la tolérance. *(Note de Voltaire.)*

61. Le jésuite Busembaum, continué par le jésuite Lacroix, dit « qu'il est permis de tuer un prince excommunié par le pape, dans quelque pays qu'on trouve ce prince, parce que l'univers appartient au pape, et que celui qui accepte cette commission fait une œuvre charitable ». C'est cette proposition, inventée dans les petites maisons de l'enfer, qui a le plus soulevé toute la France contre les jésuites. On leur a reproché alors plus que jamais ce dogme, si souvent enseigné par eux, et si souvent désavoué. Ils ont cru se justifier en montrant à peu près les mêmes décisions dans saint Thomas et dans plusieurs jacobins (voyez, si vous pouvez, la *Lettre d'un homme du monde à un théologien, sur saint Thomas ;* c'est une brochure de jésuite, de 1762). En effet, saint Thomas d'Aquin, docteur angélique, interprète de la volonté divine (ce sont ses titres), avance qu'un prince apostat perd son droit à la couronne, et qu'on ne doit plus lui obéir ; que l'Église peut le punir de mort (livre II, part. 2, quest. 12) ; qu'on n'a toléré l'empereur Julien que parce qu'on n'était pas le plus fort (livre II, part. 2, quest. 12) ; que de droit on doit tuer tout hérétique (livre II, part. 2, quest. 11 et 12) ; que ceux qui délivrent le peuple d'un prince qui gouverne tyranniquement sont très louables, etc. etc. On respecte fort l'ange de l'école ; mais si, dans les temps de Jacques Clément, son confrère, et du feuillant Ravaillac, il était venu soutenir en France de telles propositions, comment aurait-on traité l'ange de l'école ?

Il faut avouer que Jean Gerson, chancelier de l'Université, alla encore plus loin que saint Thomas, et le cordelier Jean Petit, infiniment plus loin que Gerson. Plusieurs cordeliers soutinrent les horribles thèses de Jean Petit. Il faut avouer que cette doctrine diabolique du régicide vient uniquement de la folle idée où ont été longtemps presque tous les moines que le pape est un Dieu en terre, qui peut disposer à son gré du trône et de la vie des rois. Nous avons été en cela fort au-dessous de ces Tartares qui croient le grand-lama immortel : il leur distribue sa chaise percée ; ils font sécher ces reliques, les enchâssent, et les baisent dévotement. Pour moi, j'avoue que j'aimerais mieux, pour le bien de la paix, porter à mon cou de telles reliques que de croire que le pape ait le moindre droit sur le temporel des rois, ni même sur le mien, en quelque cas que ce puisse être. *(Note de Voltaire.)*

62. Jean, XIV, 28. (M.)

63. II, 14. (M.)

64. I, 17. (M.)

65. III, 23-31. (M.)

66. Catholiques et protestants. (M.)

67. *Exode*, XII, 8. (M.)

68. *Ibid.*, II. (M.)

69. *Pascha*, la Pâque, fête annuelle des Juifs, en mémoire de leur sortie d'Égypte. (M.)

70. *Lévitique*, XIII, 23. (M.)

71. *Ibid.*, XVI, 22. (M.)

72. *Deutéronome*, ch. XIV. *(Note de Voltaire.)*

73. Dans l'idée que nous avons de faire sur cet ouvrage quelques

notes utiles, nous remarquerons ici qu'il est dit que Dieu fait une
alliance avec Noé et avec tous les animaux ; et cependant il permet à
Noé de *manger de tout ce qui a vie et mouvement ;* il excepte seulement
le sang, dont il ne permet pas qu'on se nourrisse. Dieu ajoute
[*Genèse*, IX, 5] « qu'il tirera vengeance de tous les animaux qui ont
répandu le sang de l'homme ».

On peut inférer de ces passages et de plusieurs autres ce que toute
l'Antiquité a toujours pensé jusqu'à nos jours, et ce que tous les
hommes sensés pensent, que les animaux ont quelque connaissance.
Dieu ne fait point un pacte avec les arbres et avec les pierres, qui
n'ont point de sentiment ; mais il en fait un avec les animaux, qu'il a
daigné douer d'un sentiment souvent plus exquis que le nôtre, et de
quelques idées nécessairement attachées à ce sentiment. C'est
pourquoi il ne veut pas qu'on ait la barbarie de se nourrir de leur
sang, parce qu'en effet le sang est la source de la vie, et par
conséquent du sentiment. Privez un animal de tout son sang, tous
ses organes restent sans action. C'est donc avec très grande raison
que l'Écriture dit en cent endroits que l'âme, c'est-à-dire ce qu'on
appelait l'*âme sensitive*, est dans le sang ; et cette idée si naturelle a
été celle de tous les peuples.

C'est sur cette idée qu'est fondée la commisération que nous
devons avoir pour les animaux. Des sept préceptes des Noachides,
admis chez les Juifs, il y en a un qui défend de manger le membre
d'un animal en vie. Ce précepte prouve que les hommes avaient eu
la cruauté de mutiler les animaux pour manger leurs membres
coupés, et qu'ils les laissaient vivre pour se nourrir successivement
des parties de leurs corps. Cette coutume subsista en effet chez
quelques peuples barbares, comme on le voit par les sacrifices de
l'île de Chio, à Bacchus Omadios, le mangeur de chair crue. Dieu,
en permettant que les animaux nous servent de pâture, recommande
donc quelque humanité envers eux. Il faut convenir qu'il y a de la
barbarie à les faire souffrir ; il n'y a certainement que l'usage qui
puisse diminuer en nous l'horreur naturelle d'égorger un animal que
nous avons nourri de nos mains. Il y a toujours eu des peuples qui
s'en sont fait un grand scrupule : ce scrupule dure encore dans la
presqu'île de l'Inde ; toute la secte de Pythagore, en Italie et en
Grèce, s'abstint constamment de manger de la chair. Porphyre,
dans son livre de l'*Abstinence*, reproche à son disciple de n'avoir
quitté sa secte que pour se livrer à son appétit barbare.

Il faut, ce me semble, avoir renoncé à la lumière naturelle, pour
oser avancer que les bêtes ne sont que des machines. Il y a une
contradiction manifeste à convenir que Dieu a donné aux bêtes tous
les organes du sentiment, et à soutenir qu'il ne leur a point donné de
sentiment.

Il me paraît encore qu'il faut n'avoir jamais observé les animaux
pour ne pas distinguer chez eux les différentes voix du besoin, de la
souffrance, de la joie, de la crainte, de l'amour, de la colère, et de
toutes leurs affections ; il serait bien étrange qu'ils exprimassent si
bien ce qu'ils ne sentiraient pas.

Cette remarque peut fournir beaucoup de réflexions aux esprits exercés sur le pouvoir et la bonté du Créateur, qui daigne accorder la vie, le sentiment, les idées, la mémoire, aux êtres que lui-même a organisés de sa main toute-puissante. Nous ne savons ni comment ces organes se sont formés, ni comment ils se développent, ni comment on reçoit la vie, ni par quelles lois les sentiments, les idées, la mémoire, la volonté, sont attachés à cette vie : et dans cette profonde et éternelle ignorance, inhérente à notre nature, nous disputons sans cesse, nous nous persécutons les uns les autres, comme les taureaux qui se battent avec leurs cornes sans savoir pourquoi et comment ils ont des cornes. *(Note de Voltaire.)*

74. *Amos*, ch. v, v. 26. *(Note de Voltaire.).*

75. *Jérém.*, ch. vii, v. 22. *(Note de Voltaire.)*

76. *Act.*, ch. vii, v. 42-43. *(Note de Voltaire.)*

77. *Deutér.*, ch. xii, v. 8 *(Note de Voltaire.)*

78. Plusieurs écrivains concluent témérairement de ce passage que le chapitre concernant le veau d'or (qui n'est autre chose que le dieu Apis) a été ajouté aux livres de Moïse, ainsi que plusieurs autres chapitres.

Aben-Hezra fut le premier qui crut prouver que le *Pentateuque* avait été rédigé du temps des rois. Wollaston, Collins, Tindal, Shaftesbury, Bolingbroke, et beaucoup d'autres, ont allégué que l'art de graver ses pensées sur la pierre polie, sur la brique, sur le plomb ou sur le bois, était alors la seule manière d'écrire ; ils disent que du temps de Moïse les Chaldéens et les Égyptiens n'écrivaient pas autrement ; qu'on ne pouvait alors graver que d'une manière très abrégée, et en hiéroglyphes, la substance des choses qu'on voulait transmettre à la postérité, et non pas des histoires détaillées ; qu'il n'était pas possible de graver de gros livres dans un désert où l'on changeait si souvent de demeure, où l'on n'avait personne qui pût ni fournir les vêtements, ni les tailler, ni même raccommoder les sandales, et où Dieu fut obligé de faire un miracle de quarante années [*Deutéronome*, viii, 5] pour conserver les vêtements et les chaussures de son peuple. Ils disent qu'il n'est pas vraisemblable qu'on eût tant de graveurs de caractères, lorsqu'on manquait des arts les plus nécessaires, et qu'on ne pouvait même faire du pain ; et si on leur dit que les colonnes du tabernacle étaient d'airain, et les chapiteaux d'argent massif, ils répondent que l'ordre a pu en être donné dans le désert, mais qu'il ne fut exécuté que dans des temps plus heureux.

Ils ne peuvent concevoir que ce peuple pauvre ait demandé un veau d'or massif [*Exode*, xxxii, 1] pour l'adorer au pied de la montagne même où Dieu parlait à Moïse, au milieu des foudres et des éclairs que ce peuple voyait [*Exode*, xix, 18-19], et au son de la trompette céleste qu'il entendait. Ils s'étonnent que la veille du jour même où Moïse descendit de la montagne, tout ce peuple se soit adressé au frère de Moïse pour avoir ce veau d'or massif. Comment Aaron le jeta-t-il en fonte en un seul jour [*Exode*, xxxii, 4] ? comment ensuite Moïse le réduisit-il en poudre [*Exode*, xxxii, 20] ? Ils disent qu'il est impossible à tout artiste de faire en moins de trois mois une statue d'or, et que, pour la réduire en poudre qu'on puisse avaler, l'art de la chimie la plus savante ne suffit pas : ainsi la prévarication d'Aaron et l'opération de Moïse aurait été deux miracles.

L'humanité, la bonté du cœur, qui les trompent, les empêchent de croire que Moïse ait fait égorger vingt-trois mille personnes [*Exode*, XXXII, 28] pour expier ce péché ; ils n'imaginent pas que vingt-trois mille hommes se soient ainsi laissés massacrer par des lévites, à moins d'un troisième miracle. Enfin ils trouvent étranges qu'Aaron, le plus coupable de tous, ait été récompensé du crime dont les autres étaient si horriblement punis [*Exode*, XXXIII, 19 ; et *Lévitique*, VIII, 2], et qu'il ait été fait grand prêtre, tandis que les cadavres de vingt-trois mille de ses frères sanglants étaient entassés au pied de l'autel où il allait sacrifier.

Ils font les mêmes difficultés sur les vingt-quatre mille Israélites massacrés par l'ordre de Moïse [*Nombres*, XXV, 9], pour expier la faute d'un seul qu'on avait surpris avec une fille madianite. On voit tant de rois juifs, et surtout Salomon, épouser impunément des étrangères que ces critiques ne peuvent admettre que l'alliance d'une Madianite ait été un si grand crime : Ruth était Moabite, quoique sa famille fût originaire de Bethléem ; la sainte Écriture l'appelle toujours Ruth la Moabite : cependant elle alla se mettre dans le lit de Booz par le conseil de sa mère ; elle en reçut six boisseaux d'orge, l'épousa ensuite, et fut l'aïeule de David. Rahab était non seulement étrangère, mais une femme publique ; la *Vulgate* ne lui donne d'autre titre que celui de *meretrix* [*Josué*, VI, 17] ; elle épousa Salmon, prince de Juda ; et c'est encore de ce Salmon que David descend. On regarde même Rahab comme la figure de l'Église chrétienne : c'est le sentiment de plusieurs Pères, et surtout d'Origène dans sa septième homélie sur Josué.

Bethsabée, femme d'Urie, de laquelle David eut Salomon, était Éthéenne. Si vous remontez plus haut, le patriarche Juda épousa une femme chananéenne ; ses enfants eurent pour femme Thamar, de la race d'Aram : cette femme, avec laquelle Juda commit, sans le savoir, un inceste, n'était pas de la race d'Israël.

Ainsi notre Seigneur Jésus-Christ daigna s'incarner chez les Juifs dans une famille dont cinq étrangères étaient la tige, pour faire voir que les nations étrangères auraient part à son héritage.

Le rabbin Aben-Hezra fut, comme on l'a dit, le premier qui osa prétendre que le *Pentateuque* avait été rédigé longtemps après Moïse : il se fonde sur plusieurs passages. « Le Chananéen [*Genèse*, IX, 6] était alors dans ce pays. La montagne de Moria [II. *Paralip.*, III, 1], appelée la *montagne de Dieu*. Le lit de Og, roi de Bazan, se voit encore en Rabath, et il appela tout ce pays de Bazan les villages de Jaïr, jusqu'aujourd'hui. Il ne s'est jamais vu de prophète en Israël comme Moïse. Ce sont ici les rois qui ont régné en Édom [*Genèse*, XXXVI, 31] avant qu'aucun roi régnât sur Israël. » Il prétend que ces passages où il est parlé de choses arrivées après Moïse, ne peuvent être de Moïse. On répond à ces objections que ces passages sont des notes ajoutées longtemps après par les copistes.

Newton, de qui d'ailleurs on ne doit prononcer le nom qu'avec respect, mais qui a pu se tromper puisqu'il était homme, attribue, dans son introduction à ses commentaires sur Daniel et sur saint Jean, les livres de Moïse, de Josué, et des Juges, à des auteurs sacrés très postérieurs : il se fonde sur le chap. XXXVI de la *Genèse* ; sur quatre chapitres des Juges, XVII, XVIII, XIX, XXI ; sur Samuel, chap. VIII ; sur les Chroniques, chap. II ; sur le livre de Ruth, chap. IV, en effet, si dans le chap. XXXVI de la *Genèse* il est parlé des rois, s'il en est fait mention dans les livres des Juges, si dans le livre de Ruth il est parlé de David, il semble que tous ces livres aient été rédigés du temps des rois. C'est aussi le sentiment de quelques théologiens, à la tête desquels est le fameux Leclerc. Mais cette opinion n'a qu'un petit nombre de sectateurs dont la curiosité sonde ces abîmes. Cette curiosité, sans doute, n'est pas au rang des devoirs de l'homme. Lorsque les savants et les ignorants, les princes et les bergers paraîtront après cette courte vie devant le maître de l'éternité, chacun de nous alors voudra être juste, humain, compatissant, généreux ; nul ne se vantera d'avoir su précisément en quelle année le *Pentateuque* fut écrit, et d'avoir démêlé le texte de notes qui étaient en usage chez les scribes. Dieu ne nous demandera pas si nous avons pris parti pour les Massorètes contre le *Talmud*, si nous n'avons jamais pris un *caph* pour un *beth*, un *yod* pour un *vaü*, un *daleth* pour un *res* : certes, il nous jugera sur nos actions, et non sur l'intelligence de la langue hébraïque. Nous nous en tenons fermement à la décision de l'Église, selon le devoir raisonnable d'un fidèle.

Finissons cette note par un passage important du *Lévitique,* livre composé après l'adoration du veau d'or. Il ordonna aux Juifs de ne plus adorer les velus, « les boucs, avec lesquels même ils ont commis des abominations infâmes ». On ne sait si cet étrange culte venait d'Égypte, patrie de la superstition et du sortilège ; mais on croit que la coutume de nos prétendus sorciers d'aller au sabbat, d'y adorer un bouc, et de s'abandonner avec lui à des turpitudes inconcevables, dont l'idée fait horreur, est venue des anciens Juifs : en effet, ce furent eux qui enseignèrent dans une partie de l'Europe la sorcellerie. Quel peuple ! Une si étrange infamie semblait mériter un châtiment pareil à celui que le veau d'or leur attira ; et pourtant le législateur se contente de leur faire une simple défense. On ne rapporte ici ce fait que pour faire connaître la nation juive : il faut que la bestialité ait été commune chez elle, puisqu'elle est la seule nation connue chez qui les lois aient été forcées de prohiber un crime qui n'a été soupçonné ailleurs par aucun législateur.

Il est à croire que dans les fatigues et dans la pénurie que les Juifs avaient essuyées dans les déserts de Pharan, d'Oreb, et de Cadès-Barné, l'espèce féminine, plus faible que l'autre, avait succombé. Il faut bien qu'en effet les Juifs manquassent de filles, puisqu'il leur est toujours ordonné, quand ils s'emparent d'un bourg ou d'un village, soit à gauche, soit à droite du lac Asphaltite, de tuer tout, excepté les filles nubiles.

Les Arabes qui habitent encore une partie de ces déserts stipulent toujours, dans les traités qu'ils font avec les caravanes, qu'on leur donnera des filles nubiles. Il est vraisemblable que les jeunes gens, dans ce pays affreux, poussèrent la dépravation de la nature humaine jusqu'à s'accoupler avec des chèvres, comme on le dit de quelques bergers de la Calabre.

Il reste maintenant à savoir si ces accouplements avaient produit des monstres, et s'il y a quelque fondement aux anciens contes des satyres, des faunes, des centaures, et des minotaures ; l'histoire le dit, la physique ne nous a pas encore éclairé sur cet article monstrueux. *(Note de Voltaire.)*

79. Josué, chap. XXIV, v. 15 et suiv. *(Note de Voltaire.)*

80. *Nomb.*, chap. XXI, v. 9. *(Note de Voltaire.)*

81. II. *Paralip.*, chap. IV. (M.)

82. II. *Rois*, XII, 28. (M.)

83. *Ibid.*, 31. (M.)

84. *Rois*, liv. III, chap. XV, v. 14 ; *ibid.*, chap. XXII, v. 44. *(Note de Voltaire.)*

85. *Rois*, liv. IV, chap. XVI. *(Id.)*

86. *Ibid.*, liv. III, chap. XVIII, v. 38 et 40 ; *ibid.*, liv. IV, chap. II, v. 24. *(Id.)*

87. IV. *Rois*, II, 24. (M.)

88. *Nomb.*, chap. XXXI. *(Note de Voltaire.)*

89. Madian n'était point compris dans la terre promise : c'est un petit canton de l'Idumée, dans l'Arabie Pétrée ; il commence vers le septentrion au torrent d'Arnon, et finit au torrent de Zared, au milieu des rochers, et sur le rivage oriental du lac Asphaltite. Ce pays est habité aujourd'hui par une petite horde d'Arabes : il peut avoir huit lieues ou environ de long, et un peu moins en largeur. *(Id.)*

90. *Nombres*, XXXI, 32 et suiv. (M.)

91. *Nombres*, XXXI, 40. (M.)

92. Il est certain par le texte [*Juges*, XI, 39] que Jephté immola sa fille. « Dieu n'approuve pas ces dévouements, dit dom Calmet dans sa *Dissertation sur le vœu de Jephté* ; mais lorsqu'on les a faits, il veut qu'on les exécute, ne fût-ce que pour punir ceux qui les faisaient, ou pour réprimer la légèreté qu'on aurait eue à les faire, si on n'en avait pas craint l'exécution. » Saint Augustin et presque tous les Pères condamnent l'action de Jephté : il est vrai que l'Écriture [*Juges*, XI, 29] dit qu'*il fut rempli de l'esprit de Dieu ;* et saint Paul, dans son *Épître aux Hébreux*, chap. XI [verset 32], fait l'éloge de Jephté ; il le place avec Samuel et David.

Saint Jérôme, dans son Épître à Julien, dit : « Jephté immola sa fille au Seigneur, et c'est pour cela que l'apôtre le compte parmi les saints. » Voilà de part et d'autre des jugements sur lesquels il ne nous est pas permis de porter le nôtre ; on doit craindre même d'avoir un avis. *(Note de Voltaire.)*

93. On peut regarder la mort du roi Agag comme un vrai sacrifice. Saül avait fait ce roi des Amalécites prisonnier de guerre, et l'avait reçu à composition ; mais le prêtre Samuel lui avait ordonné de ne rien épargner ; il lui avait dit en propres mots [I.

Rois, XV, 3] : « Tuez tout, depuis l'homme jusqu'à la femme, jusqu'aux petits enfants, et ceux qui sont encore à la mamelle.

« Samuel coupa le roi Agag en morceaux, devant le Seigneur, à Galgal.

« Le zèle dont ce prophète était animé, dit dom Calmet, lui mit l'épée en main dans cette occasion pour venger la gloire du Seigneur et pour confondre Saül. »

On voit, dans cette fatale aventure, un dévouement, un prêtre, une victime : c'était donc un sacrifice.

Tous les peuples dont nous avons l'histoire ont sacrifié des hommes à la Divinité, excepté les Chinois. Plutarque [*Quest. rom.* LXXXII] rapporte que les Romains même en immolèrent du temps de la république.

On voit, dans les *Commentaires de César* [*De Bello gall.*, I, XXIV], que les Germains allaient immoler les otages qu'il leur avait donnés, lorsqu'il délivra ces otages par sa victoire.

J'ai remarqué ailleurs que cette violation du droit des gens envers les otages de César, et ces victimes humaines immolées, pour comble d'horreur, par la main des femmes, dément un peu le panégyrique que Tacite fait des Germains, dans son traité *De Moribus Germanorum*. Il paraît qu'il, dans ce traité, Tacite songe plus à faire la satire des Romains que l'éloge des Germains, qu'il ne connaissait pas.

Disons ici en passant que Tacite aimait encore mieux la satire que la vérité. Il veut rendre tout odieux, jusqu'aux actions indifférentes, et sa malignité nous plaît presque autant que son style, parce que nous aimons la médisance et l'esprit.

Revenons aux victimes humaines. Nos pères en immolaient aussi bien que les Germains : c'est le dernier degré de la stupidité de notre nature abandonnée à elle-même, et c'est un des fruits de la faiblesse de notre jugement. Nous dîmes : Il faut offrir à Dieu ce qu'on a de plus précieux et de plus beau ; nous n'avons rien de plus précieux que nos enfants ; il faut donc choisir les plus beaux et les plus jeunes pour les sacrifier à la Divinité.

Philon dit que, dans la terre de Chanaan, on immolait quelquefois ses enfants avant que Dieu eût ordonné à Abraham de lui sacrifier son fils unique Isaac, pour éprouver sa foi.

Sanchoniathon, cité par Eusèbe, rapporte que les Phéniciens sacrifiaient dans les grands dangers le plus cher de leurs enfants, et qu'Ilus immola son fils Jéhud à peu près dans le temps que Dieu mit la foi d'Abraham à l'épreuve. Il est difficile de percer dans les ténèbres de cette antiquité ; mais il n'est que trop vrai que ces horribles sacrifices ont été presque partout en usage ; les peuples ne s'en sont défaits qu'à mesure qu'ils se sont policés : la politesse amène l'humanité. (*Note de Voltaire.*)

94. XXXIX, 20, 18. (M.)

95. *Juges*, chap. XI, v. 24. (*Note de Voltaire.*)

96. *Juges*, chap. XVII, vers. dernier. (*Note de Voltaire.*)

97. *Rois*, liv. IV, ch. V, v. 18 et 19. (*Note de Voltaire.*)

98. Ceux qui sont peu au fait des usages de l'Antiquité, et qui ne

jugent que d'après ce qu'ils voient autour d'eux, peuvent être étonnés de ces singularités; mais il faut songer qu'alors dans l'Égypte, et dans une grande partie de l'Asie, la plupart des choses s'exprimaient par des figures, des hiéroglyphes, des signes, des types.

Les prophètes, qui s'appelaient les *voyants* chez les Égyptiens et chez les Juifs, non seulement s'exprimaient en allégories, mais ils figuraient par des signes les événements qu'ils annonçaient. Ainsi Isaïe, le premier des quatre grands prophètes juifs, prend un rouleau (chap. VIII), et y écrit : « *Shas bas,* butinez vite » ; puis il s'approche de la prophétesse. Elle conçoit, et met au monde un fils qu'il appelle Maher-Salas-Has-bas : c'est une figure des maux que les peuples d'Égypte et d'Assyrie feront aux Juifs.

Ce prophète dit [VII, 15, 16, 18, 20] : « Avant que l'enfant soit en âge de manger du beurre et du miel, et qu'il sache réprouver le mauvais et choisir le bon, la terre détestée par vous sera délivrée des deux rois ; le Seigneur sifflera aux mouches d'Égypte et aux abeilles d'Assur ; le Seigneur prendra un rasoir de louage, et en rasera toute la barbe et les poils des pieds du roi d'Assur. »

Cette prophétie des abeilles, de la barbe, et du poil des pieds rasés, ne peut être entendue que par ceux qui savent que c'était la coutume d'appeler les essaims au son du flageolet ou de quelque autre instrument champêtre ; que le plus grand affront qu'on pût faire à un homme était de lui couper la barbe ; qu'on appelait le *poil des pieds,* le poil du pubis ; que l'on ne rasait ce poil que dans les maladies immondes, comme celle de la lèpre. Toutes ces figures si étrangères à notre style ne signifient autre chose sinon que le Seigneur, dans quelques années, délivrera son peuple d'oppression.

Le même Isaïe (chap. XX) marche tout nu, pour marquer que le roi d'Assyrie emmènera d'Égypte et d'Éthiopie une foule de captifs qui n'auront pas de quoi couvrir leur nudité.

Ézéchiel (chap. IV et suiv.) mange le volume de parchemin qui lui est présenté ; ensuite il couvre son pain d'excréments, et demeure couché sur son côté gauche trois cent quatre-vingt-dix jours, et sur le côté droit quarante jours, pour faire entendre que les Juifs manqueront de pain, et pour signifier les années que devait durer la captivité. Il se charge de chaînes, qui figurent celles du peuple ; il coupe ses cheveux et sa barbe, et les partage en trois parties : le premier tiers désigne ceux qui doivent périr dans la ville ; le second, ceux qui seront mis à mort autour des murailles ; le troisième, ceux qui doivent être emmenés à Babylone.

Le prophète Osée (chap. III) s'unit à une femme adultère, qu'il achète quinze pièces d'argent et un chomer et demi d'orge : « Vous m'attendrez, lui dit-il, plusieurs jours, et pendant ce temps nul homme n'approchera de vous : c'est l'état où les enfants d'Israël seront longtemps sans rois, sans princes, sans sacrifice, sans autel, sans éphod. » En un mot, les nabis, les voyants, les prophètes, ne prédisent presque jamais sans figurer par un signe la chose prédite.

Jérémie ne fait donc que se conformer à l'usage, en se liant de cordes, et en se mettant des colliers et des jougs sur le dos, pour signifier l'esclavage de ceux auxquels il envoie ces types. Si on veut y prendre garde, ces temps-là sont comme ceux d'un ancien monde, qui diffère en tout du nouveau : la vie civile, les lois, la manière de faire la guerre, les cérémonies de la religion, tout est absolument différent. Il n'y a même qu'à ouvrir Homère et le premier livre d'Hérodote pour se convaincre que nous n'avons aucune ressemblance avec les peuples de la Haute Antiquité, et que nous devons nous défier de notre jugement quand nous cherchons à comparer leurs mœurs avec les nôtres.

La nature même n'était pas ce qu'elle est aujourd'hui. Les magiciens avaient sur elle un pouvoir qu'ils n'ont plus : ils enchantaient les serpents, ils évoquaient les morts, etc. Dieu envoyait des songes, et des hommes les expliquaient. Le don de prophétie était commun. On voyait des métamorphoses telles que celles de Nabuchodonosor changé en bœuf, de la femme de Loth en statue de sel, de cinq villes en un lac bitumineux.

Il y avait des espèces d'hommes qui n'existent plus. La race de géants Réphaïm, Énim, Néphilim, Énacim, a disparu. Saint Augustin, au liv. V de *La Cité de Dieu*, dit avoir vu la dent d'un ancien géant grosse comme cent de nos molaires. Ézéchiel [XXVII, II] parle des pygmées Gamadim, hauts d'une coudée, qui combattaient au siège de Tyr : et en presque tout cela les auteurs sacrés sont d'accord avec les profanes. Les maladies et les remèdes n'étaient point les mêmes que de nos jours : les possédés étaient guéris avec la racine nommée *barad*, enchâssée dans un anneau qu'on leur mettait sous le nez.

Enfin tout cet ancien monde était si différent du nôtre qu'on ne peut en tirer aucune règle de conduite ; et si, dans cette Antiquité reculée, les hommes s'étaient persécutés et opprimés tour à tour au sujet de leur culte, on ne devrait pas imiter cette cruauté sous la loi de grâce. *(Note de Voltaire.)*

99. *Jérém.*, chap. XXVII, v. 6. *(Note de Voltaire.)*

100. *Jérémie*, chap. XXVIII, v. 17. *(Note de Voltaire.)*

101. Isaïe, ch. XLIV et XLV. *(Note de Voltaire.)*

102. I, II. (M.)

103. *Exode*, chap. XX, v. 5. *(Note de Voltaire.)*

104. *Deutéronome*, v. 16. (M.)

105. *Deutéronome*, XXVIII. *(Note de Voltaire.)*

106. Il n'y a qu'un seul passage dans les lois de Moïse d'où l'on pût conclure qu'il était instruit de l'opinion régnante chez les Égyptiens, que l'âme ne meurt point avec le corps ; ce passage est très important, c'est dans le chapitre XVIII du *Deutéronome* : « Ne consultez point les devins qui prédisent par l'inspection des nuées, qui enchantent les serpents, qui consultent l'esprit de Python, les voyants, les connaisseurs qui interrogent les morts et leur demandent la vérité. »

Il paraît, par ce passage, que si l'on évoquait les âmes des morts, ce sortilège prétendu supposait la permanence des âmes. Il se peut aussi que les magiciens dont parle Moïse, n'étant que des trompeurs grossiers, n'eussent pas une idée distincte du sortilège qu'ils croyaient opérer. Ils faisaient accroire qu'ils forçaient des morts à parler, qu'ils les remettaient, par leur magie, dans l'état où ces corps avaient été de leur vivant, sans examiner seulement si l'on pouvait inférer ou non de leurs opérations ridicules le dogme de l'immortalité de l'âme. Les sorciers n'ont jamais été philosophes, ils ont été toujours des jongleurs qui jouaient devant des imbéciles.

On peut remarquer encore qu'il est bien étrange que le mot de *Python* se trouve dans le *Deutéronome*, longtemps avant que ce mot grec pût être connu des Hébreux : aussi le *Python* n'est point dans l'hébreu, dont nous n'avons aucune traduction exacte.

Cette langue a des difficultés insurmontables : c'est un mélange de phénicien, d'égyptien, de syrien, et d'arabe ; et cet ancien mélange est très altéré aujourd'hui. L'hébreu n'eut jamais que deux modes aux verbes, le présent et le futur : il faut deviner les autres modes par le sens. Les voyelles différentes étaient souvent exprimées par les mêmes caractères ; ou plutôt ils n'exprimaient pas les voyelles, et les inventeurs des points n'ont fait qu'augmenter la difficulté. Chaque adverbe a vingt significations différentes. Le même mot est pris en des sens contraires.

Ajoutez à cet embarras la sécheresse et la pauvreté du langage : les Juifs, privés des arts, ne pouvaient exprimer ce qu'ils ignoraient. En un mot, l'hébreu est au grec ce que le langage d'un paysan est à celui d'un académicien. *(Note de Voltaire.)* Voltaire vise le livre du théologien anglais W. Warburton, *The Divine legation of Moses demonstrated.*

107. Ézéchiel, chap. XVIII, v. 20. *(Note de Voltaire.)*

108. *Ibid.*, ch. XX, v. 25. *(Note de Voltaire.)*

109. Le sentiment d'Ezéchiel prévalut enfin dans la synagogue ; mais il y eut des Juifs qui, en croyant aux peines éternelles, croyaient aussi que Dieu poursuivait sur les enfants les iniquités des pères : aujourd'hui ils sont punis, par-delà la cinquantième génération, et ont encore les peines éternelles à craindre. On demande comment les descendants des Juifs, qui n'étaient pas complices de la mort de Jésus-Christ, ceux qui étant dans Jérusalem n'y eurent aucune part, et ceux qui étaient répandus sur le reste de la terre, peuvent être temporellement punis dans leurs enfants, aussi innocents que leurs pères. Cette punition temporelle, ou plutôt cette manière d'exister différente des autres peuples, et de faire le commerce sans avoir de patrie, peut n'être point regardée comme un châtiment en comparaison des peines éternelles qu'ils s'attirent par leur incrédulité, et qu'ils peuvent éviter par une conversion sincère. *(Note de Voltaire.)*

110. Ceux qui ont voulu trouver dans le *Pentateuque* la doctrine de l'enfer et du paradis, tels que nous les concevons, se sont étrangement abusés : leur erreur n'est fondée que sur une vaine dispute de mots ; la *Vulgate* ayant traduit le mot hébreu, *sheol*, la fosse, par *infernum*, et le mot latin *infernum* ayant été traduit en français par *enfer*, on s'est servi de cette équivoque pour faire croire que les anciens Hébreux avaient la notion de l'*Adès* et du *Tartare* des

Grecs, que les autres nations avaient connus auparavant sous d'autres noms.

Il est rapporté au chapitre XVI des *Nombres* [31-33] que la terre ouvrit sa bouche sous les tentes de Coré, de Dathan, et d'Abiron, qu'elle les dévora avec leurs tentes et leur substance, et qu'ils furent précipités vivants dans la sépulture, dans le souterrain : il n'est certainement question dans cet endroit ni des âmes de ces trois Hébreux, ni des tourments de l'enfer, ni d'une punition éternelle.

Il est étrange que, dans le *Dictionnaire encyclopédique*, au mot ENFER, on dise que les anciens Hébreux *en ont reconnu la réalité ;* si cela était, ce serait une contradiction insoutenable dans le *Pentateuque*. Comment se pourrait-il faire que Moïse eût parlé dans un passage isolé et unique des peines après la mort, et qu'il n'en eût point parlé dans ses lois ? On cite le trente-deuxième chapitre du *Deutéronome* [versets 21-24], mais on le tronque ; le voici entier : « Ils m'ont provoqué en celui qui n'était pas Dieu, et ils m'ont irrité dans leur vanité ; et moi je les provoquerai dans celui qui n'est pas peuple, et je les irriterai dans la nation insensée. Et il s'est allumé un feu dans ma fureur, et il brûlera jusqu'au fond de la terre ; il dévorera la terre jusqu'à son germe, et il brûlera les fondements des montagnes ; et j'assemblerai sur eux les maux, et je remplirai mes flèches sur eux ; ils seront consumés par la faim, les oiseaux les dévoreront par des morsures amères ; je lâcherai sur eux les dents des bêtes qui se traînent avec fureur sur la terre, et des serpents. »

Y a-t-il le moindre rapport entre ces expressions et l'idée des punitions infernales telles que nous les concevons ? Il semble plutôt que ces paroles n'aient été rapportées que pour faire voir évidemment que notre enfer était ignoré des anciens Juifs.

L'auteur de cet article cite encore le passage de Job, au chap. XXIV [15-19]. « L'œil de l'adultère observe l'obscurité, disant : L'œil ne me verra point, et il couvrira son visage ; il perce les maisons dans les ténèbres, comme il l'avait dit dans le jour, et ils ont ignoré la lumière ; si l'aurore apparaît subitement, ils la croient l'ombre de la mort, et ainsi ils marchent dans les ténèbres comme dans la lumière ; il est léger sur la surface de l'eau ; que sa part soit maudite sur la terre, qu'il ne marche point par la voie de la vigne, qu'il passe des eaux de neige à une trop grande chaleur ; et ils ont péché jusqu'au tombeau » ; ou bien : « le tombeau a dissipé ceux qui pèchent », ou bien (selon les Septante), « leur péché a été rappelé en mémoire ».

Je cite les passages entiers, et littéralement, sans quoi il est toujours impossible de s'en former une idée vraie.

Y a-t-il là, je vous prie, le moindre mot dont on puisse conclure que Moïse avait enseigné aux Juifs la doctrine claire et simple des peines et des récompenses après la mort ?

Le livre de Job n'a nul rapport avec les lois de Moïse. De plus, il est très vraisemblable que Job n'était point juif ; c'est l'opinion de saint Jérôme dans ses questions hébraïques sur la *Genèse*. Le mot *Sathan*, qui est dans Job [I, 1, 6, 12], n'était point connu des Juifs, et vous ne le trouvez jamais dans le *Pentateuque*. Les Juifs n'apprirent ce nom que dans la Chaldée, ainsi que les noms de Gabriel et de Raphaël, inconnus avant leur esclavage à Babylone. Job est donc cité ici très mal à propos.

On rapporte encore le chapitre dernier d'Isaïe [23, 24] : « Et de mois en mois, et de sabbat en sabbat, toute chair viendra m'adorer, dit le Seigneur ; et ils sortiront, et ils verront à la voirie les cadavres de ceux qui ont prévariqué ; leur ver ne mourra point, leur feu ne s'éteindra point, et ils seront exposés aux yeux de toute chair jusqu'à satiété. »

Certainement, s'ils sont jetés à la voirie, s'ils sont exposés à la vue des passants jusqu'à satiété, s'ils sont mangés des vers, cela ne veut pas dire que Moïse enseigna aux Juifs le dogme de l'immortalité de l'âme ; et ces mots : *Le feu ne s'éteindra point*, ne signifient pas que des cadavres qui sont exposés à la vue du peuple subissent les peines éternelles de l'enfer.

Comment peut-on citer un passage d'Isaïe pour prouver que les Juifs du temps de Moïse avaient reçu le dogme de l'immortalité de l'âme ? Isaïe prophétisait, selon la computation hébraïque, l'an du monde 3380. Moïse vivait vers l'an 2500 ; il s'est écoulé huit siècles entre l'un et l'autre. C'est une insulte au sens commun, ou une pure plaisanterie, que d'abuser ainsi de la permission de citer, et de prétendre prouver qu'un auteur a eu une telle opinion, par un passage d'un auteur venu huit cents ans après, et qui n'a point parlé de cette opinion. Il est indubitable que l'immortalité de l'âme, les peines et les récompenses après la mort, sont annoncées, reconnues, constatées dans le Nouveau Testament, et il est indubitable qu'elles ne se trouvent en aucun endroit du *Pentateuque* ; et c'est ce que le grand Arnauld dit nettement et avec force dans son apologie de Port-Royal.

Les Juifs, en croyant depuis l'immortalité de l'âme, ne furent point éclairés sur sa spiritualité ; ils pensèrent, comme presque toutes les autres nations, que l'âme est quelque chose de délié, d'aérien, une substance légère, qui retenait quelque apparence du corps qu'elle avait animé ; c'est ce qu'on appelle les *ombres*, les *mânes des corps*. Cette opinion fut celle de plusieurs Pères de l'Église. Tertullien, dans son chapitre XXII *de l'Ame*, s'exprime ainsi : « Definimus animam Dei flatu natam, immortalem, corporalem, effigiatam, substantia simplicem. — Nous définissons l'âme née du souffle de Dieu, immortelle, corporelle, figurée, simple dans sa substance. »

Saint Irénée dit, dans son liv. II, chap. XXXIV : « Incorporales sunt animæ quantum ad comparationem mortalium corporum. — Les âmes sont incorporelles en comparaison des corps mortels. » Il ajoute que « Jésus-Christ a enseigné que les âmes conservent les images du corps, — caracterem corporum in quo adoptantur, etc. » On ne voit pas que Jésus-Christ ait jamais enseigné cette doctrine, et il est difficile de deviner le sens de saint Irénée.

Saint Hilaire est plus formel et plus positif dans son commentaire sur saint Matthieu : il attribue nettement une substance corporelle à l'âme : « Corpoream naturæ suæ substantiam sortiuntur. »

Saint Ambroise, sur Abraham, liv. II, chap. VIII, prétend qu'il n'y a rien de dégagé de la matière, si ce n'est la substance de la Sainte Trinité.

On pourrait reprocher à ces hommes respectables d'avoir une mauvaise philosophie ; mais il est à croire qu'au fond leur théologie était fort saine, puisque, ne connaissant pas la nature incompréhensible de l'âme, ils l'assuraient immortelle, et la voulaient chrétienne.

Nous savons que l'âme est spirituelle, mais nous ne savons point du tout ce que c'est qu'esprit. Nous connaissons très imparfaitement la matière, et il nous est impossible d'avoir une idée distincte de ce qui n'est pas matière. Très peu instruits de ce qui touche nos sens, nous ne pouvons rien connaître par nous-mêmes de ce qui est au-delà des sens. Nous transportons quelques paroles de notre langage ordinaire dans les abîmes de la métaphysique et de la théologie, pour nous donner quelque légère idée des choses que nous ne pouvons ni concevoir ni exprimer ; nous cherchons à nous étayer de ces mots, pour soutenir, s'il se peut, notre faible entendement dans ces régions ignorées.

Ainsi nous nous servons du mot *esprit*, qui répond à *souffle*, et *vent*, pour exprimer quelque chose qui n'est pas matière ; et ce mot *souffle, vent, esprit*, nous ramenant malgré nous à l'idée d'une substance déliée et légère, nous en retranchons encore ce que nous pouvons, pour parvenir à concevoir la spiritualité pure ; mais nous ne parvenons jamais à une notion distincte : nous ne savons même ce que nous disons quand nous prononçons le mot *substance* ; il veut dire, à la lettre, ce qui est dessous, et par cela même il nous avertit qu'il est incompréhensible : car qu'est-ce en effet que ce qui est dessous ? La connaissance des secrets de Dieu n'est pas le partage de cette vie. Plongés ici dans des ténèbres profondes, nous nous battons les uns contre les autres, et nous frappons au hasard au milieu de cette nuit, sans savoir précisément pour quoi nous combattons.

Si l'on veut bien réfléchir attentivement sur tout cela, il n'y a point d'homme raisonnable qui ne conclût que nous devons avoir de l'indulgence pour les opinions des autres, et en mériter.

Toutes ces remarques ne sont point étrangères au fond de la question, qui consiste à savoir si les hommes doivent se tolérer : car si elles prouvent combien on s'est trompé de part et d'autre dans tous les temps, elles prouvent aussi que les hommes ont dû, dans tous les temps, se traiter avec indulgence. (*Note de Voltaire.*)

111. Le dogme de la fatalité est ancien et universel : vous le trouvez toujours dans Homère. Jupiter voudrait sauver la vie à son fils Sarpédon ; mais le destin l'a condamné à la mort : Jupiter ne peut qu'obéir. Le destin était, chez les philosophes, ou l'enchaînement nécessaire des causes et des effets nécessairement produits par la nature, ou ce même enchaînement ordonné par la Providence : ce qui est bien plus raisonnable. Tout le système de la fatalité est contenu dans ce vers d'Annæus Sénèque [épît. CVII] :

Ducunt volentem fata, nolentem trahunt.

On est toujours convenu que Dieu gouvernait l'univers par des lois éternelles, universelles, immuables : cette vérité fut la source de toutes ces disputes inintelligibles sur la liberté, parce qu'on n'a jamais défini la liberté, jusqu'à ce que le sage Locke soit venu ; il a prouvé que la liberté est le pouvoir d'agir. Dieu donne ce pouvoir ; et l'homme, agissant librement selon les ordres éternels de Dieu, est une des roues de la grande machine du monde. Toute l'Antiquité disputa sur la liberté ; mais personne ne persécuta sur ce sujet jusqu'à nos jours. Quelle horreur absurde d'avoir emprisonné, exilé pour cette dispute, un Arnauld, un Sacy, un Nicole, et tant d'autres qui ont été la lumière de la France ! (*Note de Voltaire.*)

112. Le roman théologique de la métempsycose vient de l'Inde, dont nous avons reçu beaucoup plus de fables qu'on ne croit communément. Ce dogme est expliqué dans l'admirable quinzième livre des *Métamorphoses d'Ovide*. Il a été reçu presque dans toute la terre ; il a été toujours combattu ; mais nous ne voyons point qu'aucun prêtre de l'Antiquité ait jamais fait donner une lettre de cachet à un disciple de Pythagore. (*Note de Voltaire.*)

113. Ni les anciens Juifs, ni les Égyptiens, ni les Grecs leurs contemporains, ne croyaient que l'âme de l'homme allât dans le ciel après sa mort. Les Juifs pensaient que la lune et le soleil étaient à quelques lieues au-dessus de nous, dans le même cercle, et que le firmament était une voûte épaisse et solide qui soutenait le poids des eaux, lesquelles s'échappaient par quelques ouvertures. Le palais des dieux, chez les anciens Grecs, était sur le mont Olympe. La demeure des héros après la mort était, du temps d'Homère, dans une île au-delà de l'Océan, et c'était l'opinion des esséniens.

Depuis Homère, on assigna des planètes aux dieux, mais il n'y avait pas plus de raison aux hommes de placer un dieu dans la lune qu'aux habitants de la lune de mettre un dieu dans la planète de la terre. Junon et Iris n'eurent d'autres palais que les nuées ; il n'y avait pas là où reposer son pied. Chez les Sabéens, chaque dieu eut son étoile ; mais une étoile étant un soleil, il n'y a pas moyen d'habiter là, à moins d'être de la nature du feu. C'est donc une question fort inutile de demander ce que les anciens pensaient du ciel : la meilleure réponse est qu'ils ne pensaient pas. (*Note de Voltaire.*)

114. Saint Matthieu, chap. XXII, v. 4. (*Note de Voltaire.*)

115. Saint Luc, chap. XIV. (*Note de Voltaire.*)

116. Verset 23. (M.)

117. Luc, XIV, 12. (M.)

118. Saint Luc, chap. XIV, v. 26 et suiv. (*Note de Voltaire.*)

119. Saint Matthieu, chap. XVIII, v. 17. (*Note de Voltaire*).

120. Matthieu, XI, 19. (M.)

121. Marc, XI, 13. (M.)

122. Luc, XV. (M.)

123. Matthieu, XX. (M.)

124. Luc, X. (M.)

125. Matthieu, IX, 15. (M.)

126. Luc, VII, 48. (M.)

127. Jean, VIII, 11. (M.)

128. Jean, II, 9. (M.)

129. Matthieu, XXVI, 52 ; Jean, XVIII, 11. (M.)

130. Luc, IX, 55. (M.)

131. Luc, XXIII, 34. (M.)

132. Luc, XXII, 44. (M.)

133. Saint Matthieu, chap. XXIII. *(Note de Voltaire.)*

134. *Ibid.*, chap. XXVI, v. 59. *(Note de Voltaire.)*

135. Matthieu, chap. XXVI, v. 61. *(Note de Voltaire.)*

136. Matthieu, chap. XXVI, v. 63. (M.)

137. Il était en effet très difficile aux Juifs, pour ne pas dire impossible, de comprendre, sans une révélation particulière, ce mystère ineffable de l'incarnation du Fils de Dieu, Dieu lui-même. La *Genèse* (chap. VI) appelle *fils de Dieu* les fils des hommes puissants : de même, les grands cèdres, dans les psaumes [LXXIX, 11], sont appelés les *cèdres de Dieu*. Samuel [I. *Rois*, XVI, 15] dit qu'une *frayeur de Dieu* tomba sur le peuple, c'est-à-dire une grande frayeur ; un grand vent, *un vent de Dieu ;* la maladie de Saül, *mélancolie de Dieu.* Cependant il paraît que les Juifs entendirent à la lettre que Jésus se dit fils de Dieu dans le sens propre ; mais s'ils regardèrent ces mots comme un blasphème, c'est peut-être encore une preuve de l'ignorance où ils étaient du mystère de l'incarnation, et de Dieu, fils de Dieu, envoyé sur la terre pour le salut des hommes. *(Note de Voltaire.)*

138. Matthieu, XXVI, 64. (M.)

139. *Acta apost.*, XXV, 16. (M.)

140. Chapitre 13, « Très humble remontrance aux Inquisiteurs d'Espagne et du Portugal ».

141. En 1653, le pape avait condamné dans l'*Augustinus* de Jansénius cinq propositions. Les jansénistes avaient opposé une longue résistance, en se fondant sur le fait qu'elles ne sont pas littéralement dans l'*Augustinus.*

142. Jean, XIV, 28. (M.)

143. La Rochefoucauld, maxime 223.

144. Lorsqu'on écrivait ainsi, en 1762, l'ordre des jésuites n'était pas aboli en France. S'ils avaient été malheureux, l'auteur les aurait assurément respectés. Mais qu'on se souvienne à jamais qu'ils n'ont été persécutés que parce qu'ils avaient été persécuteurs ; et que leur exemple fasse trembler ceux qui, étant plus intolérants que les jésuites, voudraient opprimer un jour leurs concitoyens qui n'embrasseraient pas leurs opinions dures et absurdes. *(Note de Voltaire.)* Cette note a été ajoutée en 1771. (M.)

145. Le père Le Tellier fut le confesseur de Louis XIV à la fin de sa vie. On l'accusait d'avoir inspiré la politique intolérante du roi.

146. La poudre à canon. (M.)

147. En 1714, année en laquelle Voltaire suppose écrite la lettre qui forme ce chapitre, il n'y avait en France que douze parlements. (M.)

148. Cette initiale est celle du nom de Ravaillac ; c'est Voltaire

lui-même qui l'apprend dans son *Avis au public sur les parricides imputés aux Calas et aux Sirven*. (M.)

149. *Act.*, v. 29. (M.)

150. Voltaire parle encore de cette secte, sans donner son nom, dans une addition à l'article « Baptême » du *Dictionnaire philosophique* (1767) et dans le chapitre 42 de *Dieu et les hommes* (1769).

151. Voltaire ne parle que de huit enfants ressuscités, à son article François XAVIER du *Dictionnaire philosophique*. (M.)

152. Le faubourg Saint-Marceau, dans le quartier qui porte encore aujourd'hui ce nom : l'un des quartiers les plus misérables de Paris au XVIIIe siècle, où se trouvaient le cimetière de Saint-Médard et la tombe du diacre Pâris, lieu de rassemblement des « convulsionnaires » jansénistes. Une maladie « pédiculaire » est une maladie « dans laquelle il s'engendre un grand nombre de poux » (Littré).

153. I. Cor., xv, 36. (M.)

154. Voyez l'excellent livre intitulé *Le Manuel de l'Inquisition. (Note de Voltaire.)* — Le livre que Voltaire recommande ici, avec raison, est *Le Manuel des inquisiteurs à l'usage des Inquisitions d'Espagne et de Portugal, ou Abrégé de l'ouvrage intitulé* Directorium inquisitorum, *composé, vers 1358, par Nicolas Eymerie*, etc., 1762, in-12 ; l'auteur du *Manuel* est l'abbé Morellet. (B.)

155. C'est d'après l'ouvrage de l'abbé Morellet, cité en la note précédente, que j'ai rétabli les noms de *Cuchalon, Roias*, et *Felynus* (au lieu de *Chucalon, Royas*, et *Telinus*, qu'on lit dans les autres éditions). Les noms de *Gomarus, Diabarus*, et *Gemelinus*, me semblent aussi altérés ; je les ai vainement cherchés, non seulement dans l'ouvrage de Morellet, mais encore dans plusieurs bibliographes nationaux ou professionnaux ; au lieu de *Gomarus, Gemelinus*, peut-être faut-il lire *Gomez* et *Geminianus*, mais je ne puis expliquer *Diabarus*. (B.)

156. Luc, x, 27. (M.)

157. L'abbé Malvaux. Voyez la note de la page 63. (M.)

158. De l'abbé de Caveyrac. (M.)

159. *Négociations en Hollande*, 6 vol., 1752-53. (M.)

160. Voyez ci-dessus, chapitre XVII, p. 118. (M.)

161. C'est ici que finit le *Traité de la Tolérance* dans l'édition de 1763 ; l'article qui suit fut ajouté, en 1765, dans l'impression qui fait partie du tome second des *Nouveaux Mélanges*. (M.)

162. L'archevêque de Paris, Christophe de Beaumont, imité par certains évêques de province, décida de refuser les derniers sacrements aux agonisants qui ne pouvaient pas présenter un billet de confession signé d'un prêtre non janséniste : la conséquence était que le défunt n'obtenait pas la sépulture chrétienne. Il en résulta une vive agitation populaire, soutenue par le parlement de Paris. Louis XV ne parviendra à y mettre fin, par un compromis, qu'en 1757. — Le père La Vallette, missionnaire jésuite aux Antilles, s'était lancé, à l'insu de ses supérieurs, dans de vastes opérations commerciales. Il fit faillite, entraînant dans sa ruine des banquiers de Marseille. La Compagnie refusa de rembourser les créanciers du

père La Vallette et préféra porter l'affaire devant le parlement de Paris, très hostile aux jésuites. Celui-ci entrepris contre eux des procédures qui aboutiront à la suppression de la Société de Jésus en France (1764) et à son bannissement (1767).

163. Par d'Alembert, 1765, in-12 ; 1767, in-12 ; et dans les Œuvres de cet auteur. (M.)

164. *Mémoire à consulter et Consultation pour les enfants du défunt J. Calas, marchand à Toulouse.* Délibéré, à Paris, ce 22 janvier 1765. Signé : Lambon, Mallard, d'Outremont, Mariette, Gerbier, Legouvé, Loyseau de Mauléon, Élie de Beaumont. (M.)

165. En 1744, les armées anglaises et autrichiennes envahissaient la Lorraine et l'Alsace. Louis XV prit lui-même le commandement de l'armée. Arrivé à Metz, il tombe gravement malade. On craint pour sa vie. Cet événement suscita dans tout le royaume une émotion intense. Le peuple affluait dans les églises pour demander à Dieu la guérison du roi. C'est alors que Louis XV reçut le surnom de Bien-Aimé.

BIBLIOGRAPHIE

1. Autres textes de Voltaire sur la tolérance

La Henriade (1728), dans *Œuvres complètes*, The Voltaire Foundation, Oxford, 1970, t. II, en particulier chants II (la Saint-Barthélemy) et V (assassinat de Henri III).

Zaïre, tragédie (1732), dans *Œuvres complètes*, The Voltaire Foundation, Oxford, 1988, t. VIII.

Lettres philosophiques (1734), éd. Lanson, nouveau tirage, Paris, Didier, 1964, 2 vol.

Mahomet, tragédie (1741), dans *Théâtre du XVIIIe siècle*, t. I, p.p. J. Truchet, Bibliothèque de la Pléiade, 1972.

La Loi naturelle (1752), dans *Œuvres complètes*, éd. L. Moland, Paris, Garnier, 1877, t. IX.

Ecrits de Voltaire en faveur des Calas (1762) dans *Œuvres complètes*, éd. L. Moland, 1979, t. XXIV, p. 365-411.

Dictionnaire philosophique (1764-1765), art. « Tolérance », Paris, GF, 1964.

Relation de la mort du chevalier de La Barre (1766), dans *Œuvres complètes*, éd. L. Moland, 1879, t. XXV, p. 503-516.

Avis au public sur les parricides imputés aux Calas et aux Sirven (1766), dans *Œuvres complètes*, éd. L. Moland, 1879, t. XXV, p. 517-537.

Questions sur l'Encyclopédie, art. « Tolérance » (1772), dans *Œuvres complètes*, éd. L. Moland, 1879, t. XX.

Le Cri du sang innocent (1775), à Louis XVI, pour une révision du procès La Barre, dans *Œuvres complètes*, éd. L. Moland, 1879, t. XXIX, p. 375-389.

Voltaire, *L'Affaire Calas*, préface de J. Van den Henvel, Paris, Folio, 1975 (textes de Voltaire sur les affaires Calas, Sirven, Lally, La Barre).

2. Sur l'affaire Calas

BIEN (David D.), *The Calas Affair*, Princeton, 1960.

CHASSAIGNE (Marc), *L'Affaire Calas*, Paris, Perrin, 1929.

ORSONI (Jean), *L'Affaire Calas avant Voltaire*, thèse de Troisième Cycle, Université de Paris-Sorbonne, 3 vol., exemplaires dactylographiés, 1981.

POMEAU (René), « Nouveau regard sur le dossier Calas », *Europe*, juin 1962.

POMEAU (René), « Voltaire et Rousseau devant l'affaire Calas », dans *Voltaire, Rousseau et la tolérance*, Amsterdam, Maison Descartes, 1980.

3. Sur la question de la tolérance

BAYLE (Pierre), *Œuvres diverses*, p.p. Alain Niderst, Paris, « Les Classiques du peuple », 1971.

BAYLE (Pierre), *Ce que c'est que la France toute catholique*, Paris, Vrin, 1973, éd. par E. Labrousse avec la collaboration de H. Himelfarb et R. Zuber.

LOCKE (John), *Lettre sur la tolérance*, Texte latin et traduction française, introduction et traduction par R. Polin, Paris, P.U.F., 1965.

Numéro spécial de la *Revue de la Société d'histoire du protestantisme français* : actes du colloque sur le deuxième centenaire de l'Edit de tolérance de 1787, Paris, 9-11 octobre 1987.

La Tolérance, république de l'esprit, actes du colloque « Liberté de conscience, conscience des libertés », Toulouse, 26-28 novembre 1987, Paris, « Les Bergers et les Mages », 1988.

POMEAU (René), *La Religion de Voltaire*, Paris, Nizet, 1969.

POMEAU (René), « Une idée neuve au XVIIIe siècle, la tolérance », dans *Revue de la Société d'histoire du protestantisme français*, ci-dessus.

POMEAU (René), « Voltaire et la tolérance », dans *La Tolérance, république de l'esprit*, ci-dessus.

REPÈRES CHRONOLOGIQUES

1572. 24 août : jour de la Saint-Barthélemy. Sur l'ordre du roi Charles IX, encouragé par sa mère Catherine de Médicis, massacre des protestants à Paris et dans les provinces.

1598. 13 avril : Henri IV met fin aux guerres de religion par l'Edit de Nantes. La liberté du culte est garantie aux protestants sous certaines conditions.

1685. 18 octobre : révocation de l'Edit de Nantes par Louis XIV. La religion réformée est interdite dans le royaume de France. Les protestants convertis par la force sont censés être de « nouveaux catholiques ».

1694. Voltaire, de son nom de famille François-Marie Arouet, naît à Paris.

1702. Guerre de Succession d'Espagne.

1704. Défaite des armées françaises à Hochstedt. — Voltaire entre au collège des jésuites Louis-le-Grand.

1706. Le prince Eugène et Marlborough s'emparent de Lille.

1702-1710. Révolte des camisards, paysans protestants des Cévennes.

1710-1712. Le couvent des religieuses cisterciennes de Port-Royal des Champs (vallée de Chevreuse), haut lieu du jansénisme, est rasé par ordre de Louis XIV. La soldatesque dévaste le cimetière. Scènes scandaleuses.

1713. 8 septembre : Louis XIV obtient du pape Clément XI la bulle ou constitution *Unigenitus* condamnant le jansénisme. Paix d'Utrecht. — Séjour de Voltaire à La Haye comme secrétaire de l'ambassadeur de France.

1715. Mort de Louis XIV ; le duc d'Orléans, régent, prend le pouvoir.

1717. Voltaire est enfermé pendant onze mois à la Bastille.

1718. Il remporte son premier grand succès avec *Œdipe*, tragédie.

1719. Inflation : le « système » de Law.

1720. Voltaire rend visite à lord Bolingbroke, au château de la Source, près d'Orléans.

1721. A Londres, Robert Walpole devient premier ministre ; il le restera jusqu'en 1742.

1722. Voltaire fait un voyage en Hollande : il admire la tolérance et la prospérité commerciale de ce pays.

1723. Il publie *La Ligue*, première version de *La Henriade*, poème épique sur les guerres de religion et Henri IV.

1726. 4 février : il est bastonné par ordre du chevalier de Rohan. 17 avril : à la Bastille. 5 mai : à Calais, en partance pour Londres. — Le cardinal Fleury gouverne la France ; il conservera le pouvoir jusqu'à sa mort (1743).

1727. Janvier : Voltaire est présenté au roi d'Angleterre George Ier. Décembre : il publie deux opuscules en anglais, *Essay on civil wars, Essay on epick poetry*.

1728. Il publie à Londres par souscription *La Henriade*, dédiée à la reine d'Angleterre. Novembre : il rentre en France. L'abbé Prévost se convertit au protestantisme et se réfugie à Londres.

1729. Montesquieu en Angleterre.

1730. 15 mars : mort de la grande actrice Adrienne Lecouvreur. Le clergé ayant refusé la sépulture, le corps est jeté à la voirie. Voltaire s'en indigne dans le poème sur *La Mort de Mademoiselle Lecouvreur*. — Agitation janséniste : convulsions sur la tombe du diacre Pâris.

1731. Voltaire publie l'*Histoire de Charles XII*, commencée à Londres.

1732. Août : succès triomphal de *Zaïre*, tragédie de Voltaire dédiée au marchand anglais Falkener.

1733. Janvier : Voltaire publie *Le Temple du Goût*. Juin : liaison avec Mme du Châtelet. Juillet : ajoute aux *Lettres philosophiques* les *Remarques sur Pascal*.

1734. Les *Lettres philosophiques* se débitent à Paris. Voltaire se cache à Cirey, en Champagne, dans le château de Mme du Châtelet. — Montesquieu : *Considérations sur les Romains*.

1735. Voltaire obtient la permission de revenir à Paris.

1736. *Le Mondain* : Voltaire se réfugie pendant quelques semaines en Hollande.

1737. Il publie les *Eléments de la philosophie de Newton*.

1738. A Cirey.

1740. Avènement de Marie-Thérèse d'Autriche. Avènement de Frédéric II, roi de Prusse : il envahit la Silésie. Voltaire rencontre Frédéric II, pour la première fois, à Clèves.

1741. Guerre de Succession d'Autriche.

1742. *Mahomet*, tragédie de Voltaire, est interdit à Paris.

1743. Mort de Fleury. Entrée des frères d'Argenson au ministère. — Voltaire fait jouer *Mérope*, tragédie. Il accomplit une mission secrète à Berlin.

1745. Louis XV remporte la victoire de Fontenoy, et prend Mme de Pompadour pour favorite. — Voltaire est nommé historiographe du roi.

1746. Il est élu à l'Académie française.

1747. Rencontre des difficultés à la Cour. *Zadig*.

1748. A Nancy, Lunéville, Commercy, il fréquente la Cour de Stanislas, beau-père de Louis XV. — Paix d'Aix-la-Chapelle. — Montesquieu : *L'Esprit des lois*.

1749. Mort de Mme du Châtelet.

1750. Nommé chambellan de Frédéric II, Voltaire part pour Berlin. — Rousseau : *Discours sur les sciences et les arts*.

1751. Publication du tome I de l'*Encyclopédie*. — Voltaire publie *Le Siècle de Louis XIV*.

1752. Contre le cynisme philosophique de La Mettrie (et de Frédéric II) Voltaire compose *La Loi naturelle*, poème d'abord intitulé *La Religion naturelle*.

1753. Il rompt avec Frédéric II. Louis XV lui interdit d'approcher de Paris : il séjourne en Alsace.

1755. Il s'installe aux Délices, dans la banlieue de Genève. — Mort de Montesquieu. Rousseau : *Discours sur l'origine de l'inégalité*.

1756. Voltaire publie l'*Essai sur les mœurs et l'esprit des nations*. — Début de la guerre de Sept Ans.

1757. Désastre de l'armée française à Rossbach. Persécutions contre les philosophes : la publication de l'*Encyclopédie* est interrompue.

1758. Le duc de Choiseul entre au ministère. — Voltaire achète Ferney et Tourney, en territoire français, à la frontière de la Suisse.

1759. Il publie *Candide*.

1761. Le parlement de Paris entame le procès qui aboutira à la suppression des jésuites. Rousseau : *La Nouvelle Héloïse*. 13 octobre : Marc-Antoine Calas, après une soirée en famille, est trouvé mort dans la boutique de tissus de la rue des Filatiers.

1762. 19 février : exécution à Toulouse du pasteur Rochette et de trois gentilshommes protestants. 9 mars : le Parlement de Toulouse condamne à mort Jean Calas. Il est exécuté le lendemain. Vers le 20 mars, Voltaire, à Ferney, est informé par Dominique Audibert. 9 juin : après la publication du *Contrat social* et de l'*Emile*, Rousseau est condamné par le parlement de Paris pour la *Profession de foi du vicaire savoyard*. Menacé d'arrestation, il doit s'enfuir en Suisse. Mais Genève et Berne condamnent également la *Profession de foi*. 7 juillet : *A Monseigneur le Chancelier*, signé par Donat Calas, mais rédigé par Voltaire. *Requête au roi en son conseil*, signé par Donat Calas, mais rédigé par Voltaire. Août : Voltaire publie *Histoire d'Elisabeth Canning et de Jean Calas*. *Mémoire pour Anne-Rose Cabibel* (la veuve de Jean Calas), par l'avocat Mariette. *Mémoire à consulter*, par Elie de Beaumont. *Mémoire pour Donat, Pierre et Louis Calas*, par Loyseau de Mauléon.

1763. Janvier : *Réflexions pour dame Anne-Rose Cabibel*, par Mariette. 10 février : le traité de Paris met fin à la guerre de Sept Ans. 7 mars : le Conseil du roi autorise l'appel contre le jugement de Toulouse. Avril : L'impression du *Traité sur la tolérance* par les Cramer est terminée. La diffusion du livre en France, où il est interdit, se heurte à des difficultés.

1764. Février : interventions de Voltaire en faveur de galériens huguenots. 5 mai : le parlement de Toulouse condamne la famille Sirven. Juin : première édition du *Dictionnaire philosophique portatif*.

1765. 9 mars : réhabilitation de Jean Calas.

1766. 1er juillet : le chevalier de La Barre, âgé de dix-neuf ans, condamné pour impiété, est décapité. Louis XV avait refusé sa grâce. Le *Dictionnaire philosophique* est brûlé sur son corps. Voltaire se réfugie quelque temps en Suisse et publie la *Relation de la mort du chevalier de La Barre*.

1767. Voltaire publie *L'Ingénu*.

1770. Chute de Choiseul.

1771. Le nouveau parlement de Toulouse (« Parlement Maupeou ») prononce l'acquittement définitif de Sirven.

1774. Avènement de Louis XVI. Ministère de Turgot.

1778. Retour de Voltaire à Paris : apothéose et mort.

1787. 19 novembre : Louis XVI signe l'Edit de tolérance qui restitue aux protestants leurs droits civils.

1789. Août : l'Assemblée nationale vote la *Déclaration des droits de l'homme et du citoyen.*

1790. 12 juillet : l'Assemblée nationale adopte la Constitution civile du clergé.

1791. 11 juillet : transfert des cendres de Voltaire au Panthéon.

1801. 15 juillet : Bonaparte, Premier consul, conclut avec le pape Pie VII le Concordat qui rétablit en France la paix religieuse.

1905. 9 décembre : loi de séparation de l'Eglise et de l'Etat.

1948. 10 décembre : l'Assemblée de l'O.N.U. à Paris adopte la *Déclaration internationale des droits de l'homme* dont l'article XVIII déclare que « toute personne a droit à la liberté de pensée, de conscience et de religion ».

TABLE

GF — TEXTE INTÉGRAL — GF

8410-IX-1989. — Imp. Bussière, St-Amand (Cher).
N° d'édition 12289.— Octobre 1989. — Printed in France.